L'ÉCLOSION DES ESPRITS

UN VOYAGE VERS L'AUTONOMIE ET LA RÉUSSITE

la dyslexie , l'autisme, la trisomie

Mohand Seghir BELKACEMI

FSC
www.fsc.org
MIXTE
Papier issu
de sources
responsables
Paper from
responsible sources
FSC® C105338

Édition : BoD · Books on Demand, 31 avenue Saint-Rémy, 57600 Forbach,
bod@bod.fr
Impression : Libri Plureos GmbH, Friedensallee 273, 22763 Hamburg (Allemagne)

ISBN : 978-2-3224-7830-9
Dépôt légal : Décembre 2024

TABLE DES MATIERES

PRÉFACE

Ce livre est destiné aux enseignants, orthophonistes et éducateurs, qui encadrent ou qui prennent en charge, les enfants de six à quatorze ans qui souffrent de la dyslexie, du spectre de l'autisme ou de la trisomie 21. Il peut utilement être mis entre les mains des parents d'élèves.

J'y ai introduit des exemples de cours par rapport à l'enseignement du français. Aucune confusion cependant dans ce groupement des divers éclaircissements qui constituent les techniques d'enseignement. Les cartes mentales sont réalisées autour de centres d'intérêts de manière à faciliter la compréhension pour les élèves.

Professeur de Lettres modernes, très jeune, après mes études à l'école primaire de Boudjellil de 1962 à 1969, (Algérie) à cette époque, pour écrire, j'utilisais le porte-plume, les tables étaient équipées d'encriers. Mon enthousiasme, de poursuivre mes études, s'était renforcé avec mon admission au concours d'entrée en cinquième en juin 1970. Je passais des heures à mémoriser et à réciter des monologues, ce que je pouvais faire uniquement à la lumière du jour. Avec ma faible acuité visuelle, je ne pouvais pas distinguer les mots dans un livre quelconque, à la lumière de la bougie. C'était une honte de divulguer ma faible acuité visuelle (tabou de la société de l'époque). La société au sein de laquelle j'ai grandi était ainsi faite. En septembre de la même année, après avoir été reçu au concours d'entrée en cinquième à Ighil-Ali, ville distante d'environ quatorze kilomètres de mon village Boudjellil. La première rentrée scolaire au collège sous la direction des pères blancs représenta pour moi une aventure merveilleuse. Avec mes camarades de classe, j'ai passé beaucoup de temps à comprendre l'aspect ma personnalité, avec une enfance difficile, même si dans ma famille on ne m'imposait que peu de limites, et enfreindre les règles ne portait pas à

1

conséquence. On exigeait de moi que je sois toujours le meilleur, je retirai l'impression que mes besoins matériels (un stylo par trimestre) insignifiants ne seraient comblés que si j'atteignais la perfection, et tout échec de ma part blesserait à jamais la famille toute entière.

Je n'avais pas appris à me mettre à la place de l'autre et à envisager la façon de penser et de percevoir l'autre. Mes relations affectives étaient dépourvues d'empathie. Les critiques étaient permanentes et les marques d'affection absentes.

Je m'étais construit sur une mauvaise image de moi-même. Je m'étais mis à croire que c'était indigne, que mon besoin de porter des lunettes et de pouvoir faire mes devoirs la nuit était une faiblesse. Dans ma société, était considéré comme diminué celui qui porterait des lunettes, il est perçu comme un aveugle, un incomplet.

En conséquence, j'érigeais autour de moi des barrières destinées à dissimuler mes difficultés visuelles. La confiance en moi était totalement absente, même si mes parents avaient toujours volé à mon secours en toutes circonstances.

J'évitais de prendre des initiatives ou des décisions en raison de ma peur sous-jacente de révéler mes faiblesses, et mes limites visuelles dans ma vie quotidienne, ce qui serait pour moi une honte insupportable.

De septembre 1970 à juin 1973, j'arpentais tous les matins, accompagné de mon camarade et ami Messaoud, le chemin du *petit bonheur*, qui garde à ce jour sa forme originale. Si le tracé de cette piste ancestrale n'a pas changé et qu'il continue de relier Boudjellil et Ighil-Ali sur 14 km, environ, le chemin, lui, s'est paré de nouvelles couleurs, de nouveaux équipements atypiques au niveau de la seule source d'eau ,« MGHISSA », la plus populaire de Boudjellil. D'abord, je me laissais porter par cet horizon montagneux orné d'arbres, principalement de pins, ce vert lumineux, cette couleur qui me renvoie une odeur, il s'agit d'une senteur fraîche et verte.

Une odeur agréable, tirée de plusieurs espèces végétales, parmi lesquelles, le pin, le thym, le romarin, ou encore le sapin et cyprès etc. La couleur prend le rôle de guide et indique d'où vous venez et où vous allez. J'arpentais tous les matins ce chemin boisé de la forêt à 5 heures du matin pour rejoindre l'établissement à sept heures du matin il fallait une heure de marche à une cadence régulière, je n'avais aucun moyen de transport à ma disposition.

Qu'il pleuve ou qu'il vente, je portais toujours la même tenue, l'atmosphère toujours troublante en hiver du chemin perdu dans la nature, traversant la profonde forêt, de MGHISSA inhospitalière la saison hivernale, un indéfinissable malaise, au quotidien m'empêchait de me concentrer sur mon livre pour réviser mes leçons en marchant, une fois le jour se leva. Une absurde angoisse gagnait tout mon être. La peur au ventre, les animaux sauvages sont toujours aux alentours je criais pour les faire fuir. Un large sillon dans la boue gardait la trace de leur fuite éperdue, c'était une meute de sangliers. À ce moment personne ne se rendit compte des grandes difficultés rencontrées. Mais je devais mes succès à ma mère qui me stimulait tous les matins. Messaoud et moi, et parfois Mohand Saïd, nous étions deux inséparables camarades et amis, nous usions ensemble nos pantalons de bas de gamme sur le même banc du collège. À chaque jour que Dieu faisait, après une heure de marche à cadence régulière, mes yeux s'habituaient systématiquement à l'obscurité, l'atmosphère chaleureuse du noble collège entouré par des maisons mitoyennes au milieu de la ville accueillante d'Ighil-Ali me rassurait. Une chaleur confortable m'envahissait alors que j'essayais de me concentrer sur mon petit livre quand la pluie commença à pleuvoir. Je m'approchai du collège à grands pas, un peu désaffecté, sur les murs s'ouvraient des fenêtres et une porte rendant visible un préau au fond de la cour qui m'accueillait, tout mouillé en attendant la sonnerie de la cloche.

Ce livre est le fruit de mon expérience riche et diversifiée, celle d'un professeur confronté à la réalité complexe et passionnante de l'enseignement auprès d'élèves aux profils variés. Au fil des pages, je vous invite à découvrir mon parcours, jalonné de rencontres avec des élèves « ordinaires », dyslexiques, autistes et trisomiques. Chacun d'entre eux, avec ses forces et ses fragilités, a contribué à façonner ma vision de l'éducation et à enrichir ma pratique pédagogique.

J'ai appris à adapter mes méthodes, à innover, à faire preuve de patience et d'empathie pour accompagner au mieux ces jeunes esprits en quête de savoir. J'ai découvert la richesse de la neurodiversité, la beauté de l'inclusion et l'importance de valoriser chaque élève dans sa singularité.

Ce livre est un témoignage, un partage d'expériences, mais aussi une réflexion sur les enjeux de l'école inclusive (école ayant pour objectif d'assurer une scolarisation de qualité pour tous les élèves en considérant leurs singularités et leurs besoins éducatifs particuliers). Il s'adresse à tous ceux qui, de près ou de loin, sont concernés par l'éducation : enseignants, parents, professionnels de l'accompagnement, mais aussi toute personne curieuse de comprendre les défis et les réussites de l'apprentissage dans un contexte de diversité.

Mon passage au sein de l'association Lueur d'espoir de Boudjellil m'a permis d'observer de près, les pratique pédagogiques utilisées. J'ai été particulièrement touché par l'attention portée à chaque élève, notamment les élèves polyhandicapés. Fort de ces expériences, je souhaite partager mon savoir-faire avec un public plus large. Ce livre s'adresse ainsi, à tous les acteurs de l'éducation désireux de proposer des apprentissages adaptés, personnalisés à chaque élève.

J'espère que ces pages vous inspireront, vous éclaireront et vous donneront envie, à votre tour, de contribuer à construire une école plus juste, plus humaine et plus ouverte à tous les talents.

LA DYSLEXIE

I.   La dyslexie : quand lire et écrire deviennent un défi

La dyslexie constitue un trouble spécifique d'apprentissage dans le cadre de la méthode traditionnelle d'enseignement. Elle affecte notamment la capacité à lire et à écrire, et freine l'automatisation d'acquisition des compétences, bien qu'un niveau d'intelligence normale et un accès adéquat à l'éducation soient réunis. Elle se manifeste par des difficultés persistantes dans l'identification des sons de la parole et leur correspondance avec les lettres et les mots (décodage). Bien que fréquente, la dyslexie est souvent mal comprise. Cette difficulté d'apprentissage ne reflète en rien l'intelligence d'une personne, mais est liée à un fonctionnement cérébral différent pour le langage écrit.

Les principales difficultés rencontrées par les personnes dyslexiques

- lecture lente et laborieuse,
- difficultés à reconnaître et à mémoriser les mots,
- confusion entre les lettres et les sons similaires,
- difficultés à comprendre ce qui est lu,
- difficultés à écrire correctement (orthographe, grammaire).

Ces difficultés peuvent avoir un impact significatif sur la scolarité, l'estime de soi et la vie quotidienne des personnes dyslexiques.

Cependant, avec un diagnostic précoce, un soutien approprié et des stratégies d'apprentissage adaptées, elles peuvent réussir à l'école et dans la vie.

Je suis entièrement d'accord ! Il est crucial de rappeler que la dyslexie n'est pas une fatalité. De nombreuses personnes dyslexiques ont connu de grandes réussites dans divers domaines, grâce à leur persévérance, leur créativité et leur capacité à penser différemment.

Lorsque j'ai débuté ma carrière d'enseignant le 02 /12 /1974, à Boudjellil, je ne connaissais absolument rien de la dyslexie.

J'avais entendu vaguement parler de dyslexie, comme tout le monde à travers les médias, entre collègues et je savais que cela posait des problèmes pour la lecture… rien de plus.

Ce fut le 22/ 04/2002 à Toulouse, Centre Paul Lambert, le jour de ma première rentrée, qu'un élève de 5ème est venu me trouver avant le début du cours, pour me dire : « Monsieur, ma mère m'a dit de vous dire que je suis dyslexique ».

Ma première expérience avec un élève dyslexique

J'ai pris avec beaucoup de professionnalisme la réaction de mon élève en difficulté. Pour l'aider, il était essentiel de lui permettre de s'exprimer, d'essayer de le faire parler sans jugement pour savoir ce qui n'allait pas.

Je l'ai rassuré, lui ai rappelé que désormais je serai très présent pour l'aider, et je l'ai invité à s'exprimer pour trouver des solutions ensemble. J'ai également fait des recherches approfondies pour comprendre cette intelligence particulière qui m'était complètement nouvelle. Pour mes recherches, j'ai utilisé les ressources de l'université Jean Jaurès, où j'étudiais alors, ainsi que celles du Centre Paul Lambert, mon lieu de travail.

La proximité entre mon domicile, l'université et mon travail était très pratique et simplifiait grandement mon quotidien.

Les supports, une nécessité !

Je diversifiais mes supports de cours, par exemple. La pédagogie différenciée n'était pas seulement un concept théorique de l'Éducation nationale, mais une réalité applicable et efficace !

Quand je distribuais des cours ou documents que j'ai construits moi-même, j'utilise une police d'écriture spéciale. L'une d'entre elles se nomme Opendyslexic : grâce à la forme des lettres, la lecture a été améliorée chez les dyslexiques, surtout si elle est utilisée dès le plus jeune âge. J'espaçais aussi les paragraphes entre eux et j'utilisais une présentation aérée, colorée.

La fatigue visuelle guette souvent les dyslexiques. Le fait de donner une légère teinte à une page peut réduire le contraste des lettres sur le fond pâle et rendre la lecture plus agréable.

La lecture et la dyslexie

La dyslexie perturbe fortement l'apprentissage de la lecture. Les personnes atteintes ont souvent du mal à identifier et à décoder les mots, ce qui entraîne une lecture lente et laborieuse, et une difficulté à saisir le sens des textes. Cela impacte négativement l'envie et la volonté de lire.

Il est important de souligner qu'il n'y a absolument aucun lien avec l'intelligence. Dans certains cas, la dyslexie peut persister à l'âge adulte. Il est indispensable d'utiliser des outils et des stratégies adaptées pour aider les personnes dyslexiques à surmonter ces difficultés. Il est également crucial de préciser qu'il n'y a pas de lien de causalité direct entre la dyslexie et l'autisme Cependant, la dyslexie peut amplifier les défis associés à l'autisme, et vis-versa.

II.   Comprendre l'enfant dyslexique et adapter les apprentissages

En tant qu'enseignant, j'aimerais dire à mes collègues que par leur compréhension et leur attitude, ils peuvent éviter que l'école ne soit un enfer pour l'enfant dyslexique. Ce ne sera peut-être pas le paradis pour lui, mais il pourra progresser, et surmonter ses difficultés dans de meilleures conditions.

Je sais que beaucoup d'enseignant6s se trouvent dépourvus face aux élèves dyslexiques. Les voilà dans nos classes, avec des dispositifs incompatibles et des parents qui insistent : leur enfant n'est pas comme les autres. Les manuels ne sont pas adaptés aux élèves dyslexiques.

Malheureusement, vous ne trouverez ni recette magique, ni solution miracle : il n'y en a pas ! Vous êtes seul au monde ! Je me suis formé, au fil des années, par ma présence à toutes les formations proposées afin de comprendre comment les élèves dyslexiques fonctionnent.

Je suis arrivé à comprendre que : « La dyslexie n'est pas une maladie, elle met en difficulté l'enfant à décoder les mots écrits au même titre que la dysorthographie (*difficulté spécifique de l'apprentissage de l'orthographe*) et la dysgraphie (*difficulté spécifique de l'apprentissage de l'écriture*).

La dyslexie se manifeste par des confusions et des inversions de lettres et de sons, ainsi que des difficultés en orthographe. »

Un enfant dyslexique rencontre des difficultés pour la lecture avec des obstacles de discrimination auditive, des erreurs d'identification des lettres, des confusions de sons ou encore des inversions de lettres.

En tant que professeur, il est tout à fait légitime de vous sentir investi dans l'apprentissage de la lecture de votre élève dyslexique.

III.   Mais comment aider un enfant dyslexique à lire ?

Voilà la question que je me posais durant l'exercice de mes fonctions. Et je suis arrivé à un ensemble de solutions:

- Limiter la prise de notes (photocopies de l'enseignant ou notes prises par un élève),

- Fractionner la tâche en plusieurs étapes ou périodes,

- Prévoir des pauses lors des longues tâches de lecture ou d'écriture,

- Limitez les sources de distractions. Il est important de prévoir des mesures qui visent l'autonomie de la personne et qui seront réalisables dans le contexte d'apprentissage de la classe. Les mesures peuvent varier selon les contextes d'apprentissage.

- Encouragez votre enfant dyslexique dans son processus d'apprentissage.

Se comparer aux autres élèves

La dyslexie entraîne effectivement des difficultés lors de la lecture. Un enfant dyslexique a alors souvent tendance à se comparer aux autres élèves de sa classe et à se dévaloriser en raison de ses difficultés à suivre le rythme.

Comment transformer l'image d'un élève dyslexique ?

Transformez l'image qu'il a de lui en l'encourageant, en le valorisant et en le rassurant : « Aidez votre enfant à prendre ainsi confiance en lui et ne se sentira plus seul face aux difficultés de la dyslexie ».

Un dyslexique peut répéter à sa manière ce qu'on lui dit, il faut dans certains cas recourir au langage par des gestes car les épreuves uniquement linguistiques ne donnent aucun résultat positif.

Le comportement de l'enfant en cours confirme que dans certains cas, il peut présenter un intérêt uniquement pour les images ; il veut les nommer, mais rien ne se rapproche de la réalité phonétique.

Il peut affirmer son existence par des caprices. Maladroit, mal coordonné, peu habile aux jeux de ballon ou aux sports d'équipes.

Difficultés dans les tâches de motricité fine ou grosse. Sujet, au mal des transports. Peut-être ambidextre et confond souvent la droite et la gauche, au-dessus et au-dessous.

Comme je l'ai déjà mentionné, un enfant dyslexique a alors souvent tendance à se comparer aux autres élèves de sa classe et à se dévaloriser en raison de ses difficultés.

IV.   Valoriser un élève dyslexique

Transformez l'image qu'il a de lui en l'encourageant, en le valorisant et en le rassurant : « C'est bien mon grand, continue ! Je suis fier de toi ! Continue comme ça ! Bavo ! ». En classe, pour valoriser mes élèves dyslexiques, je commence mon cours en demandant leurs avis, exemple : on ouvre la fenêtre ? On efface le tableau ? On corrige les devoirs ? etc... Le but est qu'ils ne se sentent pas diminués par rapport aux autres élèves. Je faisais très attention à leur sensibilité. Je chargeais toujours mes élèves dyslexiques de toutes les tâches susceptibles de les valoriser, et avoir confiance en eux afin qu'ils s'investissent avec beaucoup d'enthousiasme.

Améliorer son empathie : L'empathie est une compétence précieuse. Elle améliore les relations sociales, facilite le dialogue, et améliore l'intérêt pour les apprentissages.

L'enfant parle pour lui

On peut constater chez l'enfant un langage autistique, l'enfant parle pour lui, pour se faire plaisir ; c'est un langage sans structure particulière.

Un autre langage plus élaboré est constaté quand l'enfant s'adresse à sa mère, à son professeur pour satisfaire ses désirs. L'enfant devient le centre de son propre langage.

Un enfant muré dans le silence demande qu'on l'aide à Comprendre la carte du monde

Pratiquez l'écoute active

Soyez pleinement présent : lorsque vous interagissez avec quelqu'un, accordez-lui toute votre attention. Évitez les distractions et concentrez-vous sur ce qu'il dit et comment il le dit.

Observez le langage corporel : les expressions faciales, la posture et les gestes peuvent révéler beaucoup sur les émotions de quelqu'un, même s'il ne les expriment pas verbalement.

Reformulez et posez des questions : montrez que vous écoutez en reformulant ce que la personne a dit avec vos propres mots et en posant des questions ouvertes pour encourager la conversation.

Mettez-vous à la place de l'autre

Imaginez leur perspective : essayez de voir la situation du point de vue de l'autre personne. Quels sont ses sentiments, ses motivations et ses défis ?

Évitez les jugements : ne portez pas de jugement sur les expériences ou les émotions de quelqu'un. Chaque personne est unique et a ses propres raisons de ressentir ce qu'elle ressent.

Soyez curieux : posez des questions pour mieux comprendre les expériences et les perspectives de l'autre personne.

Développez votre intelligence émotionnelle

Identifiez vos propres émotions : plus vous êtes conscient de vos propres émotions, mieux vous serez en mesure de reconnaître et de comprendre celles des autres.

Gérez vos émotions : apprenez à gérer vos émotions de manière saine pour éviter de projeter vos propres sentiments sur les autres.

Exprimez votre empathie : faites savoir aux autres que vous comprenez et que vous vous souciez de ce qu'ils ressentent.

Particularités d'un dyslexique

J'attends de toi que :

- tu me fasses confiance
- tu ne me cries pas dessus
- tu te focalises sur mes points forts
- tu sois patient
- tu sois là pour me relever quand je tombe

- tu t'adaptes à ma manière d'apprendre
- tu m'aides à renforcer ma confiance en moi
- tu me traites comme tout le monde
- tu me donnes du courage pour me battre

Un cerveau créatif	Un certain charisme	Une empathie développée	De l'humour
J'ai une grande imagination, grâce à laquelle je trouve de nombreuses idées originales.	J'utilise principalement l'hémisphère droit de mon cerveau, ce qui signifie que je pense plus en images qu'en mots. Cela me donne du charme.	Je compatis, je comprends, je souffre quand tu es triste et je me réjouis quand tu es content.e. Je partage tes sentiments.	J'ai un humour inné, de qualité et apprécié.

Cultivez la diversité

Entourez-vous de personnes différentes : interagissez avec des personnes de différents horizons, cultures et expériences pour élargir votre compréhension du monde.

La diversité des rencontres enrichit votre vision du monde et nourrit votre empathie.

Lisez et apprenez : lisez des livres, regardez des films et apprenez sur différentes cultures et expériences pour mieux comprendre les perspectives des autres.

Voyagez : partez à la rencontre du monde ! Chaque voyage est une occasion de grandir, de se découvrir et de développer sa compréhension des autres.

Soyez patient et bienveillant envers vous-même

Développer l'empathie prend du temps : ne vous découragez pas si vous ne voyez pas de résultats immédiats. Continuez à pratiquer et à vous améliorer.

Soyez indulgent envers vos erreurs : tout le monde fait des erreurs. Si vous dites ou faites quelque chose qui blesse quelqu'un, excusez-vous sincèrement et apprenez de votre erreur.

Socialisation

L'objectif ultime est de favoriser l'inclusion sociale de ces enfants, en leur permettant de vivre le plus harmonieusement possible au sein de la société, d'être acceptés et compris par leur entourage, malgré les défis qu'ils pourraient rencontrer tout au long de leur parcours d'acquisition de l'autonomie.

Il est fondamental de faciliter par tous les moyens l'accès à la communication, car cela représente pour eux un énorme apport psychologique et intellectuel. La socialisation de ces enfants va dépendre de la relation qu'ils auront pu établir dans une situation adaptée à leurs difficultés voire leur pathologie. Le but est d'arriver à cerner celle-ci pour aider ces enfants à en prendre conscience, afin qu'il puissent la dominer par la suite. Cela n'est réalisable qu'avec le concours d'une équipe expérimentée qui met en place une approche personnalisée pour chaque enfant, notamment lors des réunions de synthèse.

Cette approche inclut des échanges réguliers avec les parents et l'organisation de sorties pédagogiques adaptées.

Les lectures imposées par l'école présentent une contrainte majeure pour un élève dyslexique. S'Il n'apprécie pas la lecture. Il faut lui proposer des livres dont il a envie. L'engouement pour la lecture joue un rôle fondamental. Un dyslexique ne fait pas de fautes d'orthographe, il recourt à des puissances lexicales (Il crée un champs lexical personnel) lorsqu'il parle, lorsqu'il écrit, il ne transcrit pas seulement des mots mais des idées, un vécu, un ressenti.

L'orthographe pour un élève dyslexique

Ses sentiments varient au fil de l'écriture, c'est pourquoi il peut orthographier un même mot de plusieurs façons différentes dans la même page. Pour un dyslexique la mers s'écrit avec un « S » parce qu'il y a des vagues. Les fautes des dyslexiques ne sont jamais le fruit du hasard : elles sont une logique. Ce ne sont pas des ruelles mais ce sont des labyrinthes.

à	à	o	r	t	h	p	h	i	e
	e	o	r	t	h	r	a	p	h	i
à	r	o	r	t	h	o	g	r	a	i	e
	d	r	o	h	o	g	r	h	p	h	n
d	n	d	g	o	g	r	a	p	h	i	e
n	e	n	d	g	r	a	p	h	p	p	r
e	r	d	r	r	a	p	e	r	a	p	p
n	p	r	e	a	p	h	i	e	n	d	r
a	p	p	h	p	h	p	p	r	e	n	e
p	p	n	i	h	i	a	p	p	r	e	n
p	r	e	e	i	e	r	a	r	e	n	d

I.   La scolarité d'un dyslexique

La scolarité d'un dyslexique peut être semée d'embûches, c'est vrai. Il arrive encore trop souvent qu'ils soient injustement étiquetés comme "illettrés" ou "paresseux".

Les humiliations qu'ils peuvent subir de la part de certains enseignants, bien que souvent dues à une méconnaissance de la dyslexie plutôt qu'à de la méchanceté, sont profondément blessantes et peuvent laisser des traces durables.

Il est essentiel de sensibiliser davantage le corps enseignant à la dyslexie et de mettre en place des dispositifs d'accompagnement adaptés pour que chaque élève puisse s'épanouir à l'école, quelles que soient ses difficultés.

En le valorisant, un élève dyslexique reprend toujours confiance en lui, même si son orthographe est toujours catastrophique.

Mes élèves dyslexiques sont intelligents et vifs d'esprit

J'ai réalisé que l'orthographe n'est pas un indicateur de l'intelligence de mes élèves dyslexiques. Ils sont vifs, intelligents et participent activement en classe, mais les méthodes pédagogiques traditionnelles représentent un obstacle pour eux.

Un enseignant ne peut prédire l'avenir de ses élèves. Croire le contraire serait faire preuve d'une grande incompétence.

J'ai réussi à gagner la confiance de mes élèves dyslexiques. Face à leurs difficultés, ils ont développé une véritable combativité, et l'amélioration de leurs résultats les motive à persévérer.

Ma confiance envers mes élèves dyslexiques

Il faut faire confiance aux élèves dyslexiques et en leurs capacités : « Ce n'est pas parce que les choses sont impossibles qu'on ne les fait pas, c'est parce que on ne les fait pas qu'elles paraissent impossibles... ».

Lisez d'abord le texte à voix haute pendant que votre enfant suit avec son doigt, puis ce sera à lui de le lire.

Les enfants qui souffrent de dyslexie ont donc une tendance à confondre ou inverser des lettres et des sons, cela permet d'avoir une première approche visuelle et auditive du texte et des mots.

N'hésitez pas à recommencer en lisant tour à tour une phrase si votre enfant se sent plus à l'aise.

En instaurant cette méthode, votre enfant, votre élève dyslexique, développera et entretiendra son goût pour la lecture.

Les professeurs et les parents comme modèles

Absolument, l'exemple que vous donnez en tant qu'adulte est essentiel. En vous voyant lire avec plaisir et intérêt, vous transmettez à l'enfant dyslexique un message positif sur la lecture. Cela peut l'encourager à persévérer, à voir la lecture comme une activité agréable et enrichissante, et non comme une source de frustration.

C'est une excellente façon de l'aider à développer son goût pour la lecture et à renforcer sa confiance en lui.

Il faut lire plusieurs fois un paragraphe, avant de faire lire un élève dyslexique. La porte d'entrée vers la lecture c'est le livre, mais il faut un livre adapté à ses compétences.

Pour rendre la lecture plus attrayante et accessible, il est crucial de proposer une variété de supports :

- **Livres adaptés** : optez pour des livres avec une police de caractères adaptée (OpenDyslexic, Arial, etc.), un interlignage plus large et des pages non surchargées,
- **Livres audios** : ils permettent de suivre l'histoire sans se soucier du déchiffrage et peuvent être écoutés en faisant d'autres activités,

- **Bandes dessinées et mangas** : les images aident à la compréhension et rendent la lecture plus dynamique,
- **Applications et logiciels de lecture** : ils offrent des fonctionnalités comme la lecture à voix haute la possibilité d'adapter la police de caractères et la taille du texte aux besoins individuels, et la synthèse vocale,
- **Jeux de société et jeux vidéo éducatifs** : ils peuvent développer des compétences en lecture de manière ludique,
- **Magazines et journaux** : choisissez des sujets qui intéressent l'enfant pour stimuler sa motivation.

La mémoire visuelle

Faites travailler la mémoire visuelle de votre enfant en changeant de support notamment, en changeant la couleur des lettres ou encore du fond de la page.

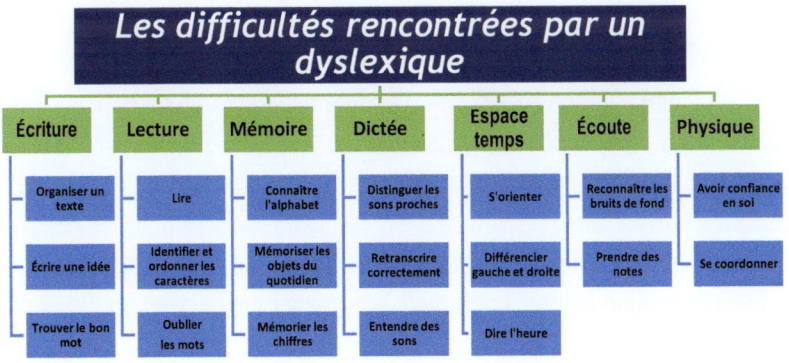

Les difficultés rencontrées par un dyslexique

Lecture à voix haute

Absolument ! La lecture à voix haute et l'épellation des lettres et des mots sont d'excellents moyens de renforcer la mémoire auditive d'un enfant dyslexique.

En entendant les mots prononcés, l'enfant associe les sons aux graphèmes (lettres), ce qui facilite la mémorisation et la reconnaissance des mots.

Epeler les lettres et les mots

Cette pratique renforce la conscience phonologique, c'est-à-dire la capacité à identifier et manipuler les sons de la langue. Cela aide l'enfant à décoder les mots de manière plus efficace.

N'hésitez pas à encourager l'enfant à lire à voix haute lui-même, mais aussi à lui lire des histoires, des poèmes ou des articles. Variez les intonations et les rythmes pour rendre la lecture plus vivante et captivante.

Vous pouvez également proposer des jeux éducatifs qui impliquent l'écoute et la répétition de sons, de syllabes ou de mots. L'essentiel est de rendre l'apprentissage ludique et interactif pour maintenir la motivation de l'enfant.

Mon expérience sur le terrain

En m'appuyant sur mon expérience, j'espère avoir apporté un minimum de réponses aux parents et aux professeurs qui se demandent comment aider un enfant dyslexique à lire. Je transformais la dyslexie, source de difficultés pour mes élèves, en un défi à relever, stimulant leur combativité pour la dépasser. Vous aurez dans les pages qui suivent, à votre disposition, toutes les techniques que j'utilisais pour faire progresser mes élèves souffrant de dyslexie.

J'ai constaté plus tard qu'un nombre important parmi eux, avaient adopté cette démarche et qu'on les retrouvait souvent, par la suite, dans des postes de chercheurs, d'ingénieurs ou de techniciens hautement spécialisés. J'ai vu aussi des élèves dyslexiques devenir des ingénieurs créatifs, grâce à leur persévérance, leur capacité à penser différemment et leur volonté de se dépasser.

Mon parcours avec la dyslexie a été à la fois un défi et une source d'inspiration. Enfant, j'ai connu les difficultés scolaires, la frustration de ne pas comprendre pourquoi la lecture et l'écriture me résistaient tant. J'ai été confronté aux regards interrogateurs, aux jugements hâtifs, et parfois même aux moqueries. Mais j'ai aussi eu la chance de rencontrer des enseignants qui ont cru en moi, qui ont su adapter leur pédagogie et m'ont donné les outils pour progresser.

C'est cette expérience qui m'a conduit à devenir moi-même enseignant, avec une volonté farouche d'aider les élèves, notamment les élèves dyslexiques à s'épanouir. J'ai compris l'importance d'une pédagogie différenciée, de la valorisation des forces de chaque élève et de la création d'un environnement bienveillant où chacun se sent capable de réussir.

J'ai constaté que de nombreux dyslexiques, une fois sortis du système scolaire traditionnel, parvenaient à exploiter leur potentiel et à exceller dans des domaines variés. Leur parcours m'a montré que la dyslexie n'est pas une fatalité, mais peut même devenir un atout. Mon expérience m'a appris que la dyslexie n'est pas une barrière à la réussite, mais une invitation à explorer de nouvelles voies d'apprentissage et à développer des compétences uniques. En tant qu'enseignant, je m'efforce de transmettre ce message à mes élèves, de les aider à transformer leur difficulté en force et à construire leur propre chemin vers le succès.

N'oubliez jamais non plus qu'Einstein était un dyslexique profond...

II.   La volonté infaillible de mes élèves dyslexiques

J'ai pu constater également que mes élèves dyslexiques en général, compensaient généralement leur non possibilité de mémoriser par cœur par un découpage logique et une séquentialisation très structurée des savoirs.

Ils déploient une volonté remarquable pour apprendre les règles traditionnelles de lecture, de grammaire et de conjugaison, même s'ils ont parfois du mal à les appliquer en pratique. Ils finissent toujours par obéir aux règles grammaticales qui régissent leur propre langue.

restaurée, les dyslexiques peuvent exploiter pleinement leur potentiel et leurs compétences spécifiques.

Le français des grammairiens et des linguistes, ce français est pour eux une langue étrangère. La langue de mes élèves dyslexiques répond à des facteurs émotionnels, visuels et musicaux particuliers, c'est pourquoi l'orthographe de ces élèves est toujours différente, toujours renouvelée.

Effectivement, la capacité à développer une logique solide et à structurer les informations peut être un atout considérable pour compenser les difficultés de mémorisation liées à la dyslexie.

Cette approche analytique et organisée permet aux personnes dyslexiques de développer des stratégies d'apprentissage efficaces et de réussir dans leurs études, voire d'exceller dans certains domaines. Lorsque la confiance en soi est

Leur façon unique de percevoir et d'analyser le monde peut même leur conférer un avantage dans des domaines exigeant de la créativité, de la résolution de problèmes ou une pensée "hors des sentiers battus". Il est donc essentiel de valoriser ces forces et d'offrir un accompagnement adapté pour permettre aux personnes dyslexiques de s'épanouir pleinement et de réaliser leurs ambitions, quelles qu'elles soient. Beaucoup de logique et de structure, donc, qui peuvent largement compenser les difficultés de mémorisation. Ceci explique peut-être pourquoi un dyslexique qui retrouve confiance en lui peut réussir aussi bien, voire mieux qu'un autre.

Déchiffrement

Mes élèves dyslexiques ne savent pas déchiffrer, lettre après lettre, mot après mot. Ils ne savent que lire et interpréter, c'est l'impression, chez-eux, qui fait naître le sens et la compréhension du texte.

La lecture est une affaire de souplesse, de jeu et de surprise. Ils ne se contentent pas d'une seule façon d'accentuer un mot, mais adaptent cet accent en fonction du sens de la phrase et de la personne à qui ils s'adressent.

Pour les guider vers l'orthographe conventionnelle, je leur fournis la phrase entière. Leur écriture suit un rythme intérieur qui peut parfois déconcerter un enseignant.

Les confusions de sons, les omissions, les assimilations ou les ajouts, considérés chez mes élèves dyslexiques comme des fautes, sont en réalité un art de nuances.

Je suis convaincu qu'il existe une logique dans l'orthographe de ces élèves, un sens de la mesure qui se développe, se cultive et s'épanouit avec le temps et l'apprentissage. Et cette méthode que je pratique, ou plutôt leur impose au quotidien , ne leur permet pas de s'épanouir dans leur lecture.

Ils construisent des ensembles là où les autres décortiquent. Ils cherchent le rythme, la musicalité, quand les autres déchiffrent laborieusement. Mes élèves dyslexiques ne savent pas isoler, déstructurer.

Ils embrassent la phrase dans son ensemble, dans sa globalité. Pour eux, la langue est une entité vivante, vibrante, ou elle n'est rien.

J'ai plusieurs fois proposé à mes élèves dyslexiques un texte découpé, selon le rythme et non selon les mots, j'ai été surpris de voir avec quelle facilité ils sont parvenus à le lire.

Pour les aider, il fut essentiel de leur proposer des textes qui résonnent avec la logique de leur propre langue, qui épousent leur manière intuitive de percevoir et de structurer le langage. Ils ont appris, pas à pas, à enrichir leur langage : ajouter des adjectifs aux noms, des adverbes aux verbes...

Mes élèves dyslexiques s'efforçaient de suivre mes consignes, mais le fossé avec les autres semblait infranchissable. Ils s'interrogeaient : comment les autres apprenaient-ils si aisément, alors qu'eux vivaient un véritable calvaire ?.

Les règles de grammaire leur restaient hermétiques, malgré leurs efforts répétés. En mathématiques, paradoxalement, ils brillaient. Le résultat était juste, mais la démonstration, selon les critères rigides de l'Éducation Nationale, leur échappait.

Pour eux, l'enseignement traditionnel était inadapté. Leur cerveau, disaient-ils, ressemblait à un long couloir aux mille portes closes, refusant de s'ouvrir au moment crucial. (Témoignage recueilli auprès de mes élèves).

Ils ont appris à s'entraîner progressivement, à enrichir leurs phrases, en ajoutant des adjectifs qualificatifs aux noms et des adverbes aux verbes...

Prenons un exemple simple : " Il fait froid."

Comment pourrait-on rendre cette phrase plus vivante ?

- En précisant l'intensité : " Il fait incroyablement froid.", "Il fait vraiment très froid."

- En ajoutant une notion de temps :

=> Dès la fin de l'après-midi, le froid s'installe;

=> Depuis quelques temps, le froid persiste;

=> En classe, chaque rentrée était un nouveau départ .

En classe, à chaque rentrée, mes élèves dyslexiques faisaient de leur mieux pour suivre mes instructions, mais ils se sentaient toujours à la traîne. Ils se demandaient constamment comment les autres pouvaient apprendre si facilement, alors qu'eux vivaient un véritable calvaire. Ils s'efforcent énergiquement de suivre mes instructions, mais ils rencontrent des difficultés à les appliquer.

Voici quelques suggestions pour améliorer cette situation :

- *Fractionner les consignes :*

Au lieu de donner une longue instruction complexe, divisez-la en étapes plus petites et plus faciles à gérer.

Par exemple, au lieu de dire "Enrichissez cette phrase en ajoutant un adverbe et une précision temporelle", vous pourriez dire : « Tout d'abord, ajoutez un adverbe pour décrire 'froid' ; ensuite, ajoutez une précision temporelle pour indiquer quand il fait froid. ».

- *Utiliser des supports visuels :*

Les élèves dyslexiques peuvent bénéficier de représentations visuelles des consignes, comme des schémas, des images ou des diagrammes. Par exemple, vous pourriez créer un tableau avec des colonnes pour les noms, les adjectifs, les verbes et les adverbes, et demander aux élèves de remplir les cases correspondantes.

Exemple :

Nom	Adjectif	Verbe	Adverbe

- *Proposer des exemples concrets :*

Avant de demander aux élèves d'enrichir une phrase, donnez-leur plusieurs exemples de phrases enrichies similaires. Cela les aidera à comprendre ce que vous attendez d'eux.

- *Favoriser la pratique orale :*

Les élèves dyslexiques peuvent avoir plus de facilité à exprimer leurs idées oralement qu'à l'écrit.

Encouragez-les à discuter de leurs enrichissements de phrases avec leurs camarades ou avec vous avant de les écrire.

- *Adapter le rythme d'apprentissage :*

Soyez patient et donnez aux élèves le temps de traiter les informations et de mettre en pratique les nouvelles compétences. Il est important de ne pas les surcharger avec trop de nouvelles informations à la fois.

- *Valoriser les progrès :*

Félicitez les élèves pour leurs efforts et leurs réussites, même s'ils n'atteignent pas encore tous les objectifs. Cela les encouragera à persévérer et à développer leur confiance en eux.

- **Utiliser des outils numériques :**

Il existe de nombreux outils numériques qui peuvent aider les élèves dyslexiques à améliorer leur compréhension et leur expression écrite, comme des logiciels de synthèse vocale, des correcteurs orthographiques et grammaticaux, et des dictionnaires en ligne.

En adaptant votre enseignement et en utilisant des stratégies spécifiques, vous pouvez aider vos élèves dyslexiques à progresser et à réussir en classe.

N'oubliez pas que chaque élève est unique et que ce qui fonctionne pour l'un peut ne pas fonctionner pour l'autre. Soyez à l'écoute de leurs besoins et adaptez votre approche en conséquence.

D'ailleurs, on ne diagnostique généralement une dyslexie qu'après avoir constaté des difficultés persistantes dans l'apprentissage de la lecture, généralement après deux années de scolarité.

La différence est alors que chez l'enfant dyslexique les erreurs sont nettement plus nombreuses et dureront bien au-delà des premiers mois de scolarisation.

J'ai également constaté que mes élèves ne parvenaient pas à lire correctement, ils se focalisent sur l'image et le son.

Le code écrit qui organise notre société n'est pas fait pour eux, ni l'enseignement d'ailleurs.

Ils doivent sans cesse tordre leurs esprits pour les adapter, exercer sur eux des contraintes, mais toujours incapables d'assimiler et de progresser comme le reste de la classe.

Devant mes réitérations et mes exigences, j'avais l'impression que je les faisais souffrir. J'ai préféré soumettre plusieurs fois les exercices qui permettaient d'évaluer leurs qualités intellectuelles et émotionnelles dans un objectif de repérer leurs symptômes.

En classe, chaque rentrée était un nouveau défi. Mes élèves dyslexiques s'efforçaient de suivre mes consignes, mais le décalage avec les autres semblait insurmontable. Ils se demandaient constamment comment leurs camarades apprenaient si facilement, alors qu'eux vivaient un véritable calvaire.

Il est malheureusement fréquent qu'une dyslexie ne soit diagnostiquée qu'après deux années de difficultés en lecture. La différence est que chez l'enfant dyslexique, les erreurs sont nettement plus nombreuses et persistent bien au-delà des premiers mois de scolarisation.

Le point fort de mes élèves dyslexiques réside dans leur remarquable capacité à se comprendre en contournant les difficultés de la langue écrite.

Développer sa mémoire

- **Multisensorielle :**

  Utiliser des supports visuels, auditifs et kinesthésiques pour renforcer l'apprentissage.

- **Structure :**

  Organiser l'information de manière claire et logique pour faciliter la mémorisation.

- **Stratégie :**

  Utiliser des moyens mnémoniques (*séquence de caractères alphabétiques ou numériques permettant l'identification des informations stockées sur support magnétique et l'accès à ces dernières*), la visualisation et l'association pour ancrer les informations.

- **Motivation :**

  Encourager les efforts, fixer des objectifs réalistes et rendre l'apprentissage ludique.

- **Adaptation :**

  Créer un environnement favorable, utiliser des outils adaptés et envisager un soutien spécialisé.

La clé est de personnaliser l'approche en fonction des besoins et des préférences de la personne, avec patience et encouragement.

Plusieurs façons de mémoriser existent :

- en relisant un cours, en le réécrivant, en l'écoutant,
- en faisant des fiches,
- en élaborant des cartes mentales,
- en surlignant des mots clés,
- en illustrant,
- en photographiant mentalement la page,
- En répétant à voix haute le cours, etc…

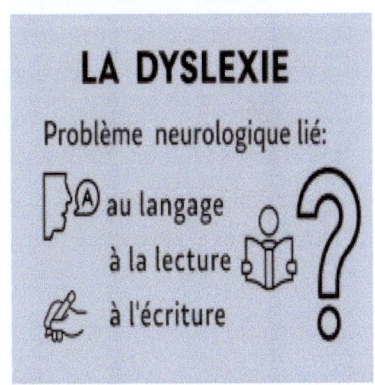

Un bilan actualisé au quotidien est indispensable :

Je suis arrivé à installer une organisation avec mes élèves dyslexiques, chacun d'eux s'auto-évalue :

- Qu'est-ce que je sais déjà ? Comment m'appuyer sur cela pour progresser ?,
- Y a-t-il des tables de multiplication que je connaissais déjà ? Quelle nouvelle table vais-je commencer à apprendre ?,
- Est-ce que j'ai besoin d'aide ? De quelle sorte d'aide ai-je besoin ? Comment l'obtenir ? Qui pourrait me stimuler ? Qui pourra se rendre compte de mes progrès ? Qui pourra me valoriser ?,
- Je me suis fait aider cette fois-ci : comment progresser seul la prochaine fois ?,
- Comment savoir si je suis prêt à travailler sans être aidé ? De combien d'essais vais-je avoir besoin ? Comment saurai-je quand mon objectif sera atteint ?,
- Si je devais donner des conseils à un camarade qui aurait le même travail à faire, que lui dirais-je ?,
- Qu'est-ce que je vais modifier après avoir réfléchi à tout ça ? De quoi ai-je besoin en priorité : améliorer ma concentration ? M'organiser plus efficacement ? Mémoriser avec méthodologie ? Prendre des notes plus claires en cours ? Poser plus de questions à mon professeur pour comprendre le cours ?,
- Que ferai-je si j'échoue à nouveau ? A qui demanderai-je conseil ?

La consigne la plus entendue de mes élèves dyslexiques était la suivante :

Avant de commencer chaque exercice, interrogation ou devoir, prends un moment pour évaluer la difficulté de chaque question :

- "oui » : si la question te semble très facile et que tu es sûr(e) de connaître la réponse,
- «?» : si tu penses avoir la réponse, mais que tu as besoin de réfléchir un peu plus,
- "non » : si la question te paraît difficile et que tu ne sais pas par où commencer.

Une fois cette évaluation faite, commence par répondre aux questions "oui", puis aux questions "?", et enfin, consacre le temps restant aux questions "non". J'ai réussi à insuffler à mes élèves dyslexiques la confiance en leurs capacités. Ils possèdent un potentiel certain, mais la peur de l'erreur les freine dans leur expression.

Grâce à une participation active en classe et à la prise de parole, ils ont pris conscience de leur valeur et ont pu exprimer librement leurs richesses intérieures.

V.   Toi, vu par les autres

- Quelles qualités t'attribuent les personnes qui te connaissent bien ?,
- Tes passions ? Qu'est-ce que tu aimes bien faire ?,
- Tes talents ? Dans quelles situations fais-tu les choses bien ?,
- Ta reconnaissance ? Pour quelles actions t'a-t-on déjà félicité ?,
- Tes opportunités ? Quelles compétences aimerais-tu développer ?

VI.   Organise-toi !

- Tu mettras tes idées et ta pensée en ordre, qu'il s'agisse de préparer un devoir scolaire ou de préparer ta journée,

- Savoir ce qu'il faut faire et quand le faire va t'aider à créer des habitudes,
- Sur une grande feuille ou un tableau d'affichage, trace deux colonnes. Dans chaque colonne, écris « Quand » et « Quoi ». Dans la colonne « Quand »,tu vas écrire les moments de la journée : au réveil, avant l'école, avant le sport, à midi, au goûter, le soir, au coucher…,
- Écris ta propre carte des « Tâches » à réaliser tous les matins, choisis les tâches que tu dois effectuer et accroche-les dans la colonne « Quoi ». Quand une tâche est terminée, décroche-la et range-la pour ne pas la perdre. Adapte ton tableau pour toutes les circonstances, il ne sera pads le même pour les périodes de vacances par exemple.

Organise tes devoirs !

Pour éviter le stress, fais un planning adapté à ton emploi du temps, pour visualiser tout ce que tu as à faire sur toute la semaine.

A l'école, il faut avoir l'habitude de prendre des notes pour actualiser ton planning au quotidien. L'écriture au tableau a un but précis pour les enseignants, celui de transmettre les connaissances !

Le soir, reprends tes notes tant que le cours est encore frais dans ton esprit. Tu vas pouvoir le compléter ou l'expliciter quand tu n'as pas été assez précis. De cette façon, tu apprends en reprenant ton cours, et tu améliores le contenu.

Tu n'aimes pas trop écrire ? Tu peux dessiner

Ecris sur un papier des mots utiles qui servent tous les jours.

Par exemple, note tout ce que tu fais dans la journée : faire tes devoirs, ranger ta chambre, plier ton linge, te laver les mains, te brosser les dents, acheter du pain…Pioche un mot au hasard.

Avec tes parents, ou l'un d'eux, illustrez le mot chacun de votre côté et en même temps.

Comparez vos dessins et échangez vos idées. Il n'y a ni bonne ni mauvaise réponse, c'est une question de subjectivité.

Expliquez, argumentez et tu garderas le dessin que tu préfères. Tes dessins seront utiles pour la réalisation de notes virtuelles.

Voici un exemple de notes visuelles pour retenir un poème

Un petit Chat bleu	Semé de pois blancs	Vit un gros rat blanc
Semé de pois bleus	Leurs mignonnes queues	Différaient de peu.
Oui, mais seulement	Le nez du chat bleu	Était tout blanc,
Le nez du rat blanc	Était tout bleu	Leurs joues et leurs yeux
Différaient un peu	Oui, mais seulement	Un cil du chat bleu
Était tout tout blanc	Un cil du rat blanc	Était tout tout bleu.
A cause de ce peu	De ce tout petit peu	De blanc et de bleu,
Ils continuèrent	A se faire la guerre	Maurice Carême.

Voici une version réduite des notes visuelles, tout en conservant les éléments essentiels pour un apprenant dyslexique

Strophe 1 :

Image :   CHAT BLEU - pois blancs
RAT BLANC - pois bleus
QUEUES => presque PAREILLES

Strophe 2 :

Image :   NEZ CHAT = BLANC
NEZ RAT = BLEU
JOUES + YEUX => un peu DIFFÉRENTS

Strophe 3 :

Image :   1 CIL CHAT = BLANC
1 CIL RAT = BLEU

Strophe 4 :
Image :   à cause de ce PEU de bleu et blanc...
ils se FONT la GUERRE ⚔

Ces notes réduites offrent un support visuel clair et concis, facilitant la mémorisation du poème pour un apprenant dyslexique.

Exemple d'histoire à travailler :

Voici l'histoire d'Ali Baba et les Quarante Voleurs, adaptée pour faciliter la lecture pour un élève dyslexique :

Ali Baba et son frère Cassim :

Il y avait deux frères, Cassim et Ali Baba. Leur père leur avait laissé peu d'argent. Cassim épousa une femme riche et devint un marchand important. Ali Baba, lui, était toujours pauvre et coupait du bois pour vivre.

La découverte :

Un jour, Ali Baba vit des cavaliers arriver dans la forêt. Il se cacha dans un arbre et vit que c'étaient des voleurs. Ils ouvrirent une porte secrète dans un rocher en disant "Sésame, ouvre-toi !". Ali Baba attendit qu'ils partent et utilisa la même formule pour entrer. Il découvrit un trésor immense ! Il prit de l'or et rentra chez lui.

La jalousie de Cassim :

La femme de Cassim découvrit le secret d'Ali Baba. Cassim alla à la grotte mais oublia la formule magique pour sortir. Les voleurs le trouvèrent et le tuèrent. Ali Baba retrouva le corps de son frère et le ramena chez lui.

Morgiane, la servante intelligente :

Morgiane, la servante, organisa un faux enterrement pour Cassim afin que personne ne découvre la vérité.

La vengeance des voleurs :

Les voleurs voulaient se venger. Ils marquèrent la maison d'Ali Baba mais Morgiane marqua toutes les maisons du quartier. Les voleurs échouèrent.

Le chef des voleurs :

Le chef des voleurs se cacha dans des jarres d'huile pour entrer chez Ali Baba. Morgiane découvrit le plan et tua les voleurs avec de l'huile bouillante. Le chef s'échappa.

La ruse finale :

Le chef des voleurs revint déguisé et se lia d'amitié avec le fils d'Ali Baba. Morgiane le reconnut et le tua pendant un dîner.

La fin heureuse :

Ali Baba maria Morgiane à son fils. Ils vécurent riches et heureux. Le secret de la grotte fut transmis de génération en génération.

Pour améliorer vos mots

- Lisez beaucoup : découvrez de nouveaux mots et expressions ;
- Utilisez un dictionnaire et un thesaurus : comprenez et variez votre vocabulaire ;
- Apprenez un nouveau mot chaque jour : enrichissez votre lexique activement ;
- Relisez et corrigez : assurez-vous de la qualité de vos écrits ;
- Pratiquez régulièrement : l'utilisation régulière renforce l'apprentissage.

Améliorations pour la dyslexie

- Phrases courtes et simples ;

- Mots courants et faciles à lire ;
- Syllabes bien séparées ;
- Police adaptée : OpenDyslexic (*police de caractère libre de droit destinée à faciliter la lecture pour les personnes dyslexiques. La police de caractères comprend des styles réguliers, gras, italique et gras-italique, et 2 polices de caractères : OpenDyslexic et OpenDyslexic-Alta. Les lettres ont des fonds lourds pour indiquer la direction. Le lecteur est capable de déterminer rapidement quelle partie de la lettre est vers le bas, ce qui aide à reconnaître la bonne lettre et aide parfois à empêcher votre cerveau de les faire tourner*) ou similaire ;
- Espaces plus grands entre les lignes ;
- Images pour illustrer l'histoire.

VII.   Les cartes mentales

Le savais-tu ? Les cartes mentales sont un excellent outil pour organiser tes pensées, de visualiser les informations de manière claire et synthétique, ce qui facilite la compréhension et la mémorisation.

Le principe de la carte mentale est d'adopter la méthode de questionnement QQOQCP (Quoi, Qui, Où, Quand, Comment, Combien, Pourquoi).

Ce questionnement permet de préciser et définir la problématique, recueillir méthodiquement les données qui aideront à comprendre et analyser un fait.

Création de la carte mentale

- Place une feuille à l'horizontale,
- Écris au milieu ton idée principale, par exemple « une notion de cours un personnage, un animal, une chose ou un auteur »,
- Dessine des branches qui partent de l'idée principale : elles conduisent aux idées secondaires,
- Écris ou dessine chaque idée au bout d'une ligne,
- Si une idée en entraine une autre, trace une nouvelle branche et ajoute-la. Chaque branche correspond à une idée, qui se ramifie en sous-idées.

Création d'une carte mentale

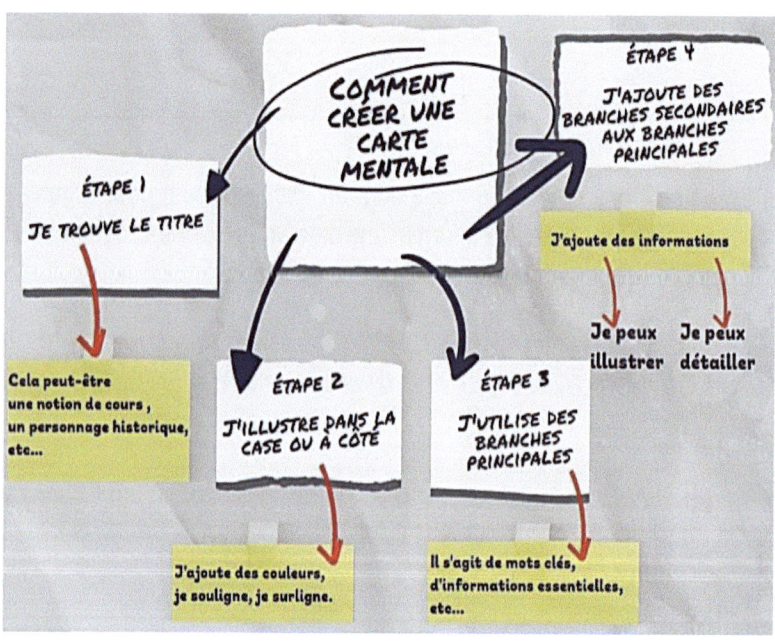

Nous allons voir comment réaliser deux cartes mentales relatives aux thématiques des *déterminants* (**figure 2**) dans un premier temps, puis des *épithètes* et *attributs du sujet* (**figure 3**) dans un second temps.

Un exemple illustré d'une carte mentale relative aux homonymes (**figure 4**).

1. Les déterminants :

Sont indispensables pour comprendre un mot, former une phrase, un paragraphe, un texte. C'est une vaste famille, et il faut parfois beaucoup d'énergie et de concentration pour s'y retrouver

Les déterminants nous permettent de donner des informations supplémentaires sur le nom dans une phrase, à commencer par le genre et le nombre. **Un *déterminant*** + un *nom* = un *groupe nominal*.

Un déterminant est toujours collé au *nom* sauf quand l'*adjectif* qui compète le *nom* vient se glisser en eux :

La	*belle*	*plage*
Déterminant	Adjectif	Nom commun

Le déterminant est souvent indispensable ; mais dans certains cas, un nom commun peut être employé sans déterminant :

Sofiane	*est*	*directeur*
Nom propre	Verbe	Nom commun

La grande famille des déterminants se compose : des *articles*, des *démonstratifs*, des *indéfinis*, des *exclamatifs*, des *interrogatifs* et des *possessifs*.

Les cartes mentales suivantes regroupent les différentes catégories de ces déterminants :

Figure 2 - Carte mentale : les déterminants

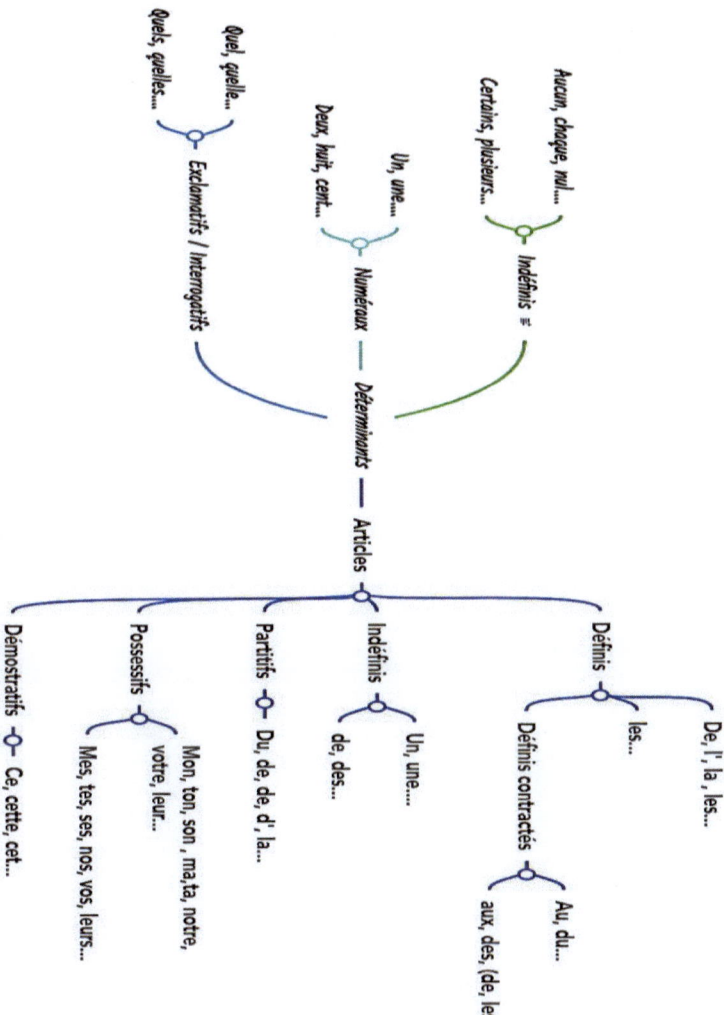

Figure 3 – Carte mentale : Epithètes et Attributs

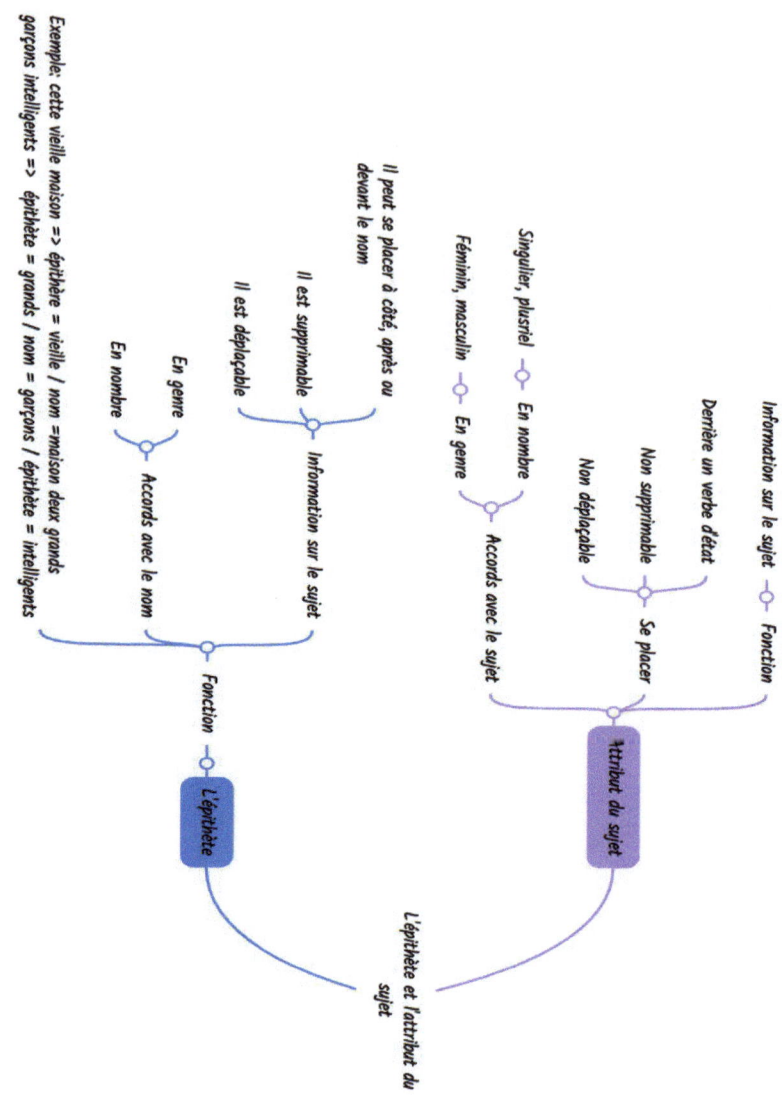

Figure 4 – Les homonymes

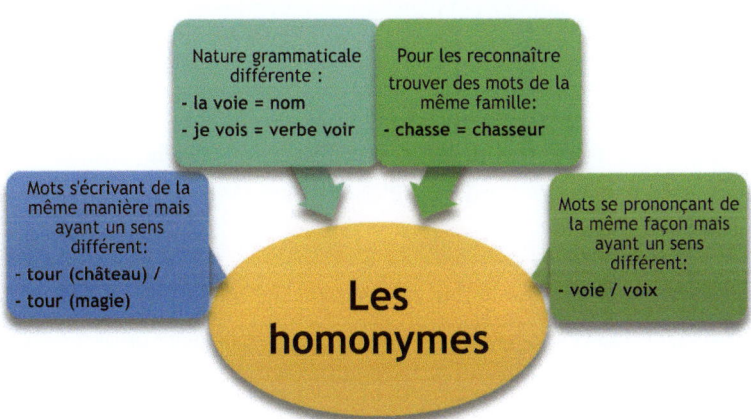

Nature grammaticale différente :
- la voie = nom
- je vois = verbe voir

Pour les reconnaître trouver des mots de la même famille:
- chasse = chasseur

Mots s'écrivant de la même manière mais ayant un sens différent:
- tour (château) /
- tour (magie)

Mots se prononçant de la même façon mais ayant un sens différent:
- voie / voix

Les homonymes

Dans les prochaines leçons, nous allons développer nos compétences en création de cartes mentales visuelles.

Nous prendrons comme modèle la carte que nous avons étudiée sur l'épithète et l'attribut du sujet pour structurer nos idées de manière claire et efficace.

La fonction de l'adjectif sera notre premier sujet d'étude, car elle est fondamentale pour comprendre la construction de la phrase.

Vous serez surpris de découvrir toutes les subtilités de l'adjectif et de l'impact qu'il peut avoir sur la signification d'une phrase. Prêts à plonger dans l'univers de la qualification ?

L'adjectif, c'est un peu comme une couleur pour les mots. Il permet de rendre nos phrases plus vivantes et précises.

La fonction de l'adjectif dans la phrase est un attribut même s'il répond à la question « Quoi ? » Quand il est placé après un verbe d'état.

2. L'attribut du sujet :

L'attribut du sujet est un mot ou un groupe de mot qui précise le sujet. Il est toujours placé après un verbe d'état : être, paraître, sembler, devenir, rester, avoir l'air, passer pour….

Il peut être adjectif, un nom ou un groupe nominal. On ne doit pas le confondre avec le **C.O.D.** qui lui est placé après ou parfois avant un verbe d'action.

3. L'épithète :

L'adjectif épithète est un mot qui précise un nom, lorsqu'il fait partie d'un groupe nominal, il a la fonction d'épithète. Il est généralement placé derrière un nom qu'il précise, mais il arrive qu'il soit placé devant.

APPLICATION

- Enrichir un texte : enrichir ses écrits, ce sont les détails que tu rajouteras et permettront de préciser où se situe l'action, comment, avec qui elle se déroule, quand elle se déroule, comment elle se déroule, etc.
- Apprends, à ajouter des adjectifs qualificatifs aux noms, des adverbes aux verbes ou des compléments circonstanciels pour l'action.
- Éviter d'alourdir ton texte ! En ajoutant, des adjectifs, des adverbes et compléments à toutes les phrases. Il faut faire en sorte que ton texte soit agréable et harmonieux.
- Pour harmoniser ton texte et mettre en avant les éléments manquants, tu peux utiliser la couleur. Tu soulignes d'une couleur chaque élément ayant un rapport avec le lieu, d'une autre couleurs les éléments en lien avec le temps, etc...

Exemple : prenons cette courte phrase = « *Il fait froid* »

Cherche à l'enrichir en te posant des questions relatives au contexte :

Comment ?	Comment ?
Il fait incroyablement froid	*Dès l'après-midi, il fait froid*
Il fait vraiment trop froid	*Depuis quelque temps, il fait froid*

Votre élève présente des difficultés de l'acquisition du langage, particulièrement de la lecture. Il peut être probablement dyslexique.

Loin d'être un cas isolé, il fait partie des 5% à 10% de la population touchée par la dyslexie.

Il est essentiel de garder à l'esprit que chaque enfant est unique et que toutes les dyslexies ne se manifestent pas de la même manière.

Chaque enfant aura des besoins spécifiques en matière d'apprentissage et d'accompagnement.

Confusion des lettres pour un dyslexique

Les lettres semble se mélanger, se retourner ou se déplacer, ou des mots incomplets ou dispersés; les lettres « **b** » et « **d** » ou « **p** » et « **q** » sont difficiles à distinguer.

L'utilisation des couleurs peut être un véritable atout dans l'apprentissage de la lecture et de l'écriture ; en améliorant les distinctions des lettres, en facilitant le suivi visuel.

L'opposition syllabique par la couleur

La lecture d'un enfant dyslexique est freinée par son découpage des syllabes.

Dans son esprit, il est difficile de différencier les mots, les lettres, et d'organiser la lecture. En colorant les syllabes avec des couleurs opposées, il devient possible pour lui de mieux comprendre, mieux mémoriser, les syllabes et les sons associés. D'un seul coup d'œil, il verra nettement la délimitation de chaque syllabe.

L'enjeu est d'apprendre la lecture en évitant le passage par le « son » pour soulager la mémoire de travail.

Avoir l'habitude d'enrichir ton vocabulaire

La lecture est une alliée incontournable pour développer ton vocabulaire ! Je te conseille de prendre la bonne habitude de noter les nouveaux mots que tu découvres, pour pouvoir les réutiliser plus tard.

Crée-toi une boîte à mots ! :

> À chaque fois que tu rencontres un mot inconnu, note-le sur un morceau de papier ;
- Au verso du papier, indique la définition du mot ;
- Range-le dans une boîte conçue pour cela ;
- Après quelques temps, ta boite commencera à se remplir ;
- Chaque soir retire de la boites quelques petits papiers, lis le mot inscrit ;
- Donne la définition du mot et vérifie si elle est juste en retournant ton papier !
- Tant que le mot n'est pas totalement acquis, garde le billet dans la boite.

Types de pronoms

- Personnels : représentent les personnes (je, tu, il, elle, nous, vous, ils, elles).
- Possessifs : indiquent la possession (le mien, le tien, le sien, le nôtre, le vôtre, le leur).
- Démonstratifs : désignent une personne ou une chose (celui-ci, celui-là, celle-ci, celle-là, ceux-ci, ceux-là, celles-ci, celles-là).
- Indéfinis : renvoient à une personne ou une chose non précisée (quelqu'un, quelque chose, personne, rien, tout, chacun, plusieurs...).
- Relatifs : introduisent une proposition relative (qui, que, quoi, dont, où).
- Interrogatifs : posent une question (qui, que, quoi, lequel, laquelle, lesquels, lesquelles).

Fonctions des pronoms

Sujet : remplace le sujet du verbe (Karim mange => Il mange).

- *Complément d'objet direct (C.O.D.)*: remplace le **C.O.D.** du verbe (Je vois le film => Je le vois).
- *Complément d'objet indirect (C.O.I.)*: remplace le **C.O.I.** du verbe (Je parle à Fatima => Je lui parle).
- Complément du nom : Complète un nom (La voiture de Farid => Sa voiture).
- *Attribut du sujet* : qualifie le sujet après un verbe d'état (Elle est belle => Elle est jolie).

VIII.   Techniques

- Identifier la fonction du groupe nominal remplacé pour choisir le bon pronom.

- Faire attention aux accords (genre, nombre, personne).
- Utiliser les pronoms pour alléger et clarifier le texte.

Application

En suivant l'exemple de la carte mentale sur les déterminants, construis ta carte mentale d'un pronom en te servant des éléments de la leçon suivante :

- Que-ce-que un pronom ?

- Mot qui remplace un nom ou un groupe nominal pour éviter les répétitions.

Important

Les pronoms sont essentiels pour éviter les répétitions et rendre le discours plus fluide il existe différents types de pronoms avec des fonctions spécifiques. La maîtrise des pronoms demande de la pratique et de l'attention aux contextes

Entraînement

En suivant l'exemple de la carte mentale sur l'attribut et l'épithète, ci-dessus construis ta carte mentale des adverbes, en te servant des éléments de la leçon suivante :

Qu'est-ce qu'un adverbe

Mot invariable qui modifie le sens :

- d'un verbe : "Il parle lentement."
- d'un adjectif : "Elle est très intelligente."
- d'un autre adverbe : "Il court très vite."
- d'une phrase entière : "Heureusement, il n'a rien oublié."

Types d'adverbes

- Manière : comment l'action est faite (bien, mal, vite, lentement...)
- Temps : quand l'action a lieu (hier, aujourd'hui, demain, bientôt...)
- Lieu : où l'action se déroule (ici, là, partout, ailleurs...)
- Quantité/Intensité : à quel degré (beaucoup, peu, très, assez...)
- Affirmation : confirme (oui, certainement, absolument...)
- Négation : infirme (non, ne... pas, jamais...)
- Doute : exprime l'incertitude (peut-être, probablement...)

III. Conseils pour l'apprentissage

Observer et pratiquer

La meilleure façon d'apprendre la formation des adverbes est d'observer leur utilisation dans différents contextes, et de les pratiquer régulièrement à l'écrit comme à l'oral.

Ressources

N'hésitez pas à consulter les leçons de grammaire, des dictionnaires ou des exercices en ligne pour approfondir vos connaissances et vous entraîner.

Ne pas hésiter à poser des questions. Si vous avez des doutes ou des exemples spécifiques, n'hésitez pas à demander de l'aide à un professeur, un tuteur, un parent, etc...

IX. Place de l'adverbe

Varie selon le type d'adverbe et la phrase. Généralement, il se place :

- après le verbe conjugué : "Il chante bien",
- avant l'adjectif ou l'adverbe modifié : "Elle est très intelligente" / "Il parle très vite",
- en début ou fin de phrase pour les adverbes de temps/lieu/manière : "Demain, je pars en vacances" / "Il a réussi, finalement ».

X. Techniques

- Identifier le mot modifié pour choisir le bon type d'adverbe,
- Faire attention à la place de l'adverbe dans la phrase ,

- Utiliser les adverbes pour enrichir et préciser le sens de vos phrases.

XI.   Types d'adjectifs

- Qualificatifs : expriment une qualité (beau, grand, intelligent...),
- Démonstratifs : montrent, désignent (ce, cet, cette, ces),
- Possessifs : indiquent la possession (mon, ma, mes, ton, ta, tes, son, sa, ses, notre, nos, votre, vos, leur, leurs),
- Indéfinis : quantité vague (quelques, plusieurs, certains...),
- Numéraux : précisent le nombre (un, deux, premier, deuxième...),
- Interrogatifs : posent une question (quel, quelle, quels, quelles),
- Exclamatifs : expriment un sentiment (quel, quelle, quels, quelles !).

Accord de l'adjectif :L'adjectif s'accorde en genre et en nombre avec le nom qu'il qualifie.

Cas particuliers :

- Adjectifs en « al » => -aux au pluriel masculin (un cheval royal => des chevaux royaux),
- Certains adjectifs ont des formes spécifiques au féminin (beau => belle, vieux => vieille),

- Adjectifs de couleur composés restent invariables,
  => (une robe bleu clair => des robes bleu clair).
- Adjectifs en « **ant** » / « **ent** » => « **amment** » / « **emment** » : courant
  => couramment, prudent => prudemment,
- Adjectifs en « **i** » => « **iment** » : poli => poliment.

Cas particuliers : bon -> bien, mauvais -> mal, gentil -> gentiment...

Adjectif au féminin + « **ment** » / « **lent** » -> lentement, doux -> doucement.

Place de l'adjectif :

- Généralement après le nom : une maison blanche,
- Certains adjectifs se placent avant le nom,
- Adjectifs courts et courants (beau, grand, petit...),
- Adjectifs exprimant une opinion subjective (joli, bon, mauvais...),
- Adjectifs numéraux (deux, trois...),
- Adjectifs démonstratifs (ce, cet, cette, ces).

Techniques :

- Identifier le nom qualifié pour accorder l'adjectif,
- Connaître les règles d'accord spécifiques,
- Varier la place des adjectifs pour enrichir votre expression.

Important

Les adjectifs sont essentiels pour décrire et nuancer le discours.

La maîtrise de leur accord et de leur place est importante.

La pratique régulière permet de les utiliser avec aisance

En suivant l'exemple de la carte mentale sur l'attribut et l'épithète ci-dessus, construis ta carte mentale des adjectifs en te servant des éléments de la leçon suivante:

Qu'est-ce qu'un adjectif ?

Mot variable qui qualifie ou décrit un nom.

S'accorde en genre (masculin/féminin) et en nombre (singulier/pluriel) avec le nom qu'il qualifie.

En suivant l'exemple de la carte mentale sur l'attribut et l'épithète ci-dessus, construis ta carte mentale des **COD** et **COI** en te servant des éléments de la leçon suivante :

Compléments du verbe qui précisent sur qui ou sur quoi porte l'action.

COD (Complément d'Objet Direct):

-Répond aux questions "**qui** ?" ou "**quoi** ?" après le verbe.

-Reçoit directement l'action du verbe.

Exemples :

Je mange une pomme => (**COD** = une pomme)

Il regarde la télévision => (**COD** = la télévision)

COI (Complément d'Objet Indirect) :

- Répond aux questions "**à qui** ?", "**à quoi** ?", "**de qui** ?", "**de quoi** ?" après le verbe.

- Introduit par une préposition (à, de, pour, avec...).

Exemples :

Je parle à mon ami => (COI = à mon ami)

Il pense à ses vacances => (COI = à ses vacances)

XII.   À la maison

Lis à voix haute : relis ta leçon à voix haute, seul ou avec tes parents si besoin. Cela t'aidera à mieux mémoriser les informations.

Explique le vocabulaire : partage avec tes parents les nouveaux mots que tu as appris pour vérifier ta compréhension.

Reformule et schématise : avec l'aide de tes parents, reformule chaque paragraphe avec tes propres mots. Tu peux aussi créer une carte mentale plus détaillée pour visualiser les liens entre les différentes notions.

Conseils supplémentaires

Utilise des couleurs contrastées : pour faciliter le passage à la ligne, colorie le fond des lignes en alternant des couleurs opposées. Cela peut aider à réduire la confusion visuelle.

Explore d'autres supports : si la lecture traditionnelle est difficile, explore

D'autres moyens d'apprendre : livres audio, vidéos éducatives, manipulations, expériences, observations, etc.

N'hésite pas à demander de l'aide : communique avec ton professeur et tes parents pour leur faire part de tes besoins spécifiques. Ils pourront t'aider à trouver des solutions adaptées.

Témoignage d'un élève

"Je lisais, mais je ne comprenais pas. Je n'arrivais pas à saisir le sens, à trouver les clés de l'histoire. C'était frustrant. J'avais besoin de me libérer de mes propres chaînes."

Solutions alternatives pour apprendre à lire et à écrire

- **Écoute active et intérêt** : favoriser l'apprentissage par la manipulation, les démonstrations, l'expérimentation et l'observation.
- **Supports visuels** : utiliser des images, des schémas et des vidéos pour faciliter la compréhension.
- **Livres audios** : apprécier les œuvres littéraires difficiles à lire en les écoutant.

N'oublie pas : chaque personne dyslexique est unique. Explore différentes méthodes et trouve celles qui te conviennent le mieux. Avec les bons outils et un peu de persévérance, tu peux réussir brillamment.

Observons le comportement de l'enfant à qui nous lisons ces histoires, vous constaterez que tout en écoutant votre lecture, l'enfant commente les illustrations, anticipe la suite de l'histoire. Et ne manque pas non plus de vous imiter en suivant du regard ou du doigt ces dessins aux tracés réguliers sur les pages du livre, qui sous votre regard expert se transforment en paroles, en mots, en histoire.

C'est dans ces moments privilégiés que le jeune enfant prend contact avec la langue écrite par le biais des stratégies indirectes. Nous le surprendrons plus tard suivant du doigt les lignes du même livre. En tournant les pages, en faisant du « raconter/lire » avec des mots nouveaux qu'il aura retenus au cours de notre séance de lecture, Il s'exercera même à mettre le ton ! Ainsi, sans le savoir, il s'approprie l'écrit et se familiarise avec la langue écrite, avec les principes alphabétiques que je citerai plus loin, pour obtenir d'étape en étape un savoir-faire.

Lorsqu'un enfant apprend à lire, il doit nécessairement découvrir comment fonctionne le code écrit, et comprendre notamment le principe des mécanismes qui relient les unités graphiques et unités de l'oral.

De la même façon qu'il reconnait les visages ou les objets qui l'entourent, l'enfant va progressivement reconnaitre des mots dans son environnement : rue, école, maison, il reconnaitra et mémorisera généralement le plus de mots.

Pour faciliter la lecture chez les personnes dyslexiques, il est recommandé d'utiliser des polices de caractères spécifiques qui présentent certaines caractéristiques :

Caractéristiques principales :

- Sans empattement : les polices sans empattement, comme Arial, Verdana, ou Lucida, sont généralement préférées car elles sont plus simples et épurées, sans les petites décorations (empattements) qui peuvent perturber la lecture.
- Espacement régulier entre les lettres : un espacement adéquat entre les lettres permet de mieux distinguer chaque caractère et évite les confusions.
- Forme simple et claire des lettres : des lettres bien distinctes les unes des autres, sans fioritures, facilitent la reconnaissance et la lecture.
- Hauteur x élevée : une hauteur x élevée (la hauteur des lettres minuscules sans ascendantes ni descendantes) améliore la lisibilité en rendant les lettres plus grandes et plus faciles à distinguer.
- Polices recommandées :
    - Arial : c'est une police très courante, sans empattement, claire et facile à lire,
    - Verdana : conçue pour être lisible à l'écran, elle présente un espacement généreux entre les lettres,
    - Helvetica : une autre police sans empattement très populaire, appréciée pour sa simplicité et sa clarté.

- Tahoma : similaire à Verdana, elle est également conçue pour une bonne lisibilité à l'écran,
- OpenDyslexic : cette police a été spécialement créée pour les personnes dyslexiques, avec des lettres lestées en bas pour éviter les inversions et les confusions,
- Dyslexie : une autre police conçue pour les dyslexiques, avec des caractéristiques similaires à OpenDyslexic.

Autres conseils :

- Taille de police adaptée : une taille de police suffisamment grande (au moins 14 points) facilite la lecture.
- Contraste élevé : un texte noir sur fond blanc offre le meilleur contraste et facilite la lecture.
- Interlignage suffisant : un espacement adéquat entre les lignes évite que les lignes se chevauchent et perturbent la lecture.
- Éviter les textes justifiés : les textes justifiés peuvent créer des espaces irréguliers entre les mots, ce qui peut être perturbant pour les dyslexiques. Préférez un alignement à gauche.

Il est important de noter que chaque personne dyslexique est différente, et ce qui fonctionne pour l'une peut ne pas fonctionner pour l'autre. Il est donc recommandé d'expérimenter différentes polices et de choisir celle qui convient le mieux à la personne concernée.

XIII. Les différentes formes de dyslexie

1. **La dyslexie phonologique** : lecture rapide, omission ou substitution des mots, inversion ou ajouts de lettres.

2. **La dyslexie de surface** : lecture longue et hachée par manque d'automatisation, lexique orthographique interne pauvre, difficultés à orthographier les mots irréguliers normalement stockés dans le lexique interne, orthographe phonétique.

3. **La dyslexie mixte** : lecture laborieuse, orthographe très approximative, difficultés de la compréhension des écrits.

La motivation

Elle joue un rôle crucial dans la réussite scolaire. Les résultats positifs sont souvent la première source de valorisation pour un enfant, renforçant ainsi son désir d'apprendre et de progresser.

La vision qu'il a de son professeur

- Son image de soi : sa confiance en lui, son estime personnelle, ses émotions et ses compétences.
- Le sentiment d'être accepté, et intégré par son professeur et ses camarades de classe.
- Le sentiment de confiance, entre le professeur et ses élèves est fondamental.
- Le degré de plaisir et d'intérêt, suscité par l'activité proposée ;
- Le sentiment de sécurité, et de bien-être au sein de l'environnement scolaire.

Choix libre de l'activité

Le sentiment de choisir librement son activité est essentiel pour la motivation et le bien-être au travail.

L'autonomie renforce le sentiment de valorisation et d'engagement.

1- Avantages :

- Motivation accrue,
- Satisfaction au travail améliorée,
- Performance accrue,
- Réduction du stress.

2- Comment favoriser ce sentiment ?

- Offrir des choix dans l'accomplissement des tâches,
- Fixer des objectifs clairs, laisser la liberté sur la méthode,
- Encourager la prise d'initiative,
- Faire confiance aux employés, éviter la micro gestion,
- Reconnaître et récompenser les contributions.

En favorisant l'autonomie, un environnement plus motivant, satisfaisant et productif stimulera davantage les élèves.

Cette motivation, il est nécessaire de la favoriser, par des permettre aux élèves d'être acteurs plutôt que spectateurs, tout en rappelant les objectifs de chaque activité, « ça sert à quoi ? ». La diversification, des tâches et leur mise en valeur. Laisser le choix à l'élève de choisir ses camarades de groupe.

Les difficultés à apprendre se caractérisent par des problèmes touchant la mémoire. Notre mémoire est limitée, donc si notre attention est dispersée où il y a une surcharge cognitive, nous risquons de perdre des informations enregistrées. Pour un enfant qui présente une déficience de la mémoire, une perte de l'information peut constituer un frein de l'apprentissage. Pour cela, et dans une perspective d'aider les enfants, on peut énoncer les consignes progressivement, les unes après les autres, éviter de les énoncer toutes en même temps. Faire des cartes mentales, accrocher les aides aux murs. La mémoire, l'attention et la concentration sont des facteurs d'efficience cognitive. Elles sont des éléments clés dans l'apprentissage et sont sollicitées tout au long de la journée des élèves. Nous retenons mieux l'information lorsque nous sommes activement engagés dans le processus d'apprentissage. Ainsi, nous nous souvenons :

- **90%** de ce que nous disons et faisons-en lien avec un sujet,
- **80%** de ce que nous disons,
- **50%** de ce que nous voyons et entendons simultanément,
- **30%** de ce que nous voyons,
- **20%** de ce que nous entendons,
- **10%** de ce que nous lisons.

Chez l'enfant dysgraphique, l'automatisation de l'écriture ne se fait pas. Pour lui, l'acte d'écrire n'est pas une seule tâche, mais plusieurs à faire en même temps, d'où il se sent surchargé (surcharge cognitive.) Il faut aller selon ses capacités, par rapport aux compréhensions des consignes ; la mémorisation des consignes ; la vérification de la bonne tenue du stylo, de l'emplacement du cahier ; la forme des lettres, comment les lire entre elles, l'orthographe, la grammaire, le vocabulaire. Cet enfant doit donc fournir plus d'effort qu'un enfant sans dyslexie. Il existe trois profils d'apprentissage, qui sont liés à nos cinq sens(la vue, l'ouïe, le toucher, l'odorat et le gout).

Voici un test pour trouver le profil de votre enfant :

Posez-lui ces questions, puis comptez avec lui le nombre de « **a** », de « **b** » et de « **c** » qu'il a obtenu :

1. **Tu rencontres quelqu'un pour la première fois. Que retiens-tu de cette personne en premier ?:**
   a. La couleur de ses yeux et ses vêtements.
   b. Le son de sa voix et ce qu'il a dit.
   c. Le fait que tu te sentes bien avec elle.

2. **Quelle activité préfères-tu ? :**
   a. Lire un livre.
   b. Ecouter de la musique.
   c. Dessiner.

3. **Quand je te dis : « Pense à un oiseau. » Qu'est ce qui te vient en premier à l'esprit ?:**
   a. Sa couleur
   b. Son piaillement.
   c. Sa douceur.

4. **Tu retiens plus facilement par cœur :**
   a- Quand tu lis un texte.
   b- Quand tu entends une chanson.
   c- Les mouvements d'un sport ou d'une danse.

5. *Quand je te dis les vagues de la mer :*
   a- Tu vois la mer bleue avec ses vagues
   b- Tu entends le son des vagues.
   c- Tu sens la fraîcheur de l'eau sur ton corps.

6. *Que dis-tu le plus souvent ?:*
   a- Je vois ce que tu veux dire.
   b- J'entends ce que tu me dis.
   c- Je sens que tu as raison.

7. *Imagines-toi dans une fête avec plein d'amis :*
   a- Tu vois la fête et tes amis comme dans un film.
   b- Tu entends les rires et la musique.
   c- Tu te ressens immédiatement joyeux et détendu.

8. *Dans ta chambre, qu'est ce qui est le plus important pour toi ?:*
   a- La décoration.
   b- Le calme.
   c- La chaleur et le confort.

9. Quand on te raconte une histoire que se passe-t-il ?:
   a- Tu imagines l'histoire comme dans un film.
   b- Tu aimes qu'on te la raconte avec des changements de voix.
   c- Tu ressens des émotions et tu te mets à la place des héros.

10. Tu te souviens d'un séjour à la mer :
   a- Tu te rappelles le paysage et la couleur de ta tenue.
   b- Tu te rappelles surtout les cris des oiseaux.
   c- Tu sens encore la chaleur du sable sous tes pieds.

Résumé :

- Si tu as plus de « **a** », tu es un visuel. Si tu apprends une leçon, tu dois surtout imaginer le film de ta leçon, ou dessiner des schémas,
- Si tu as plus de « **b** » tu es un auditif. Il faut lire tes leçons à voix haute, chante-les ou fais-les lire par quelqu'un,
- Si tu as plus de « **c** », tu es un Kinesthésique (gout odora, toucher) tu as besoin de mettre ton corps en mouvement, bouger, dessiner etc…,
- Si tu es autant visuel, auditif que Kinesthésique alors c'est parfait, tout doit être facile pour toi, tu peux bien te sentir dans toutes les conditions.

Un enfant qui a une faible tonicité musculaire dans la main

Le pouce de l'enfant n'arrive pas à se plier, avec fermeté pour venir appuyer sur la main.

Le stylo sur le majeur et la dernière phalange de l'index se plie à l'envers, il ressent des douleurs, il se crispe sur le crayon, il ne tient pas correctement son stylo.

Les voitures à faire rouler, le dessin, le coloriage, les jeux d'empilement, la pâte… cette variété des jeux pourra tonifier ses doigts.

L'enfant maitrise le geste et la forme

Il réussit à produire des diagonales, des croix obliques « X », des triangles, des rectangles etc. Le contrôle œil/main s'affirme est de plus en plus efficace. L'enfant aime dessiner des fleurs, des soleils, des animaux…Son dessin est une représentation de quelque chose qui l'entoure. On arrivera progressivement à une automatisation du geste. D'ailleurs pour certains enfants le dessin est une échappatoire de tensions affectives.

L'enfant réussit à maîtriser les difficultés de tenue et de guidage du stylo

A ce moment l'écriture trouve son équilibrage, et devient plus régulière, l'enfant acquiert la maitrise du geste. Toutes les difficultés antérieures s'effacent progressivement jusqu'à disparaitre. A ce moment l'écriture devient jolie « 10-12 ans ».

L'enfant répète le geste jusqu'à ce qu'il devienne automatique

L'écriture est automatisée une fois le mouvement est fluide, le tracé des lettres est régulier et les liaisons bien faites.

Cela sera réellement possible une fois l'orthographe est maitrisée.

Quelques exercices peuvent aider :

- Repasser au feutre un modèle que vous lui aurez créé,
- Tracer des lettres avec le doigt dans la semoule, le sable, dans les airs…Cuisinez des biscuits, de la galette en forme de lettres,
- Écrire les yeux fermés,
- Dessiner les lettres avec des objets : des pièces, de la pâte à modeler.

Quelques exercices peuvent aider

Repasser au feutre un modèle qu'aurez conçu pour lui. Tracer des lettres avec le doigt dans la semoule, le sable, dans les airs…

Cuisinez des biscuits, de la galette en forme de lettres.

Dessiner les lettres avec des objets : des pièces, de la pâte à modeler, des perles, de la ficelle, de l'herbe, des bouts de bois… Ecrire les yeux fermés…

L'enfant utilise ses mains simultanément :

Avec ces propositions de jeux pour apprendre à l'enfant de coordonner ses gestes :

- Enfiler les perles,
- Transvaser de l'eau d'un récipient à l'autre,
- Lancer des balles, faire de la couture, lancer des anneaux,
- Faire des labyrinthes,
- Jouer avec des cartes à lacer,
- Ouvrir des pots de confiture,
- Visser/dévisser,
- Relier deux points par une ligne,
- Représenter une forme à partir d'un modèle. Faire de petites boules de pâte et les écraser,
- Crever du papier bulle,
- Etirer des élastiques,
- Faire tourner des toupies,
- Faire tourner une pièce,
- Distribuer des cartes, jeux de balancier, jeu « le petit âne »,
- Faire rouler des billes, des boules de pâte à modeler avec une impulsion de l'index,
- Faire une chaîne avec des trombones,
- Demander à l'enfant d'attraper des jetons de loto avec le pouce et l'index et de les garder dans sa paume, puis de les mettre un à un dans une tirelire en les faisant glisser de la paume vers les doigts,
- Exercer la résistance de pinces à linge plus ou moins dures à o ouvrir. Flexion concomitante pouce/indexe/Majeur,

Perfectionner la coordination motrice

Utiliser le coloriage pour perfectionner la coordination motrice, la dextérité, les habiletés visuomotrices, la coordination œil/main et les perceptions visuelles afin d'acquérir les bonnes bases pour l'écriture. Il aide l'enfant à gérer la notion de limite. Lui apprendre d'abord les formes simples, il apprend en même temps les couleurs et le nom des formes. Il doit déplacer sa main pour pouvoir remplir la forme, en faisant attention à ne pas dépasser, il maitrise son geste, il apprend aussi à se concentrer. Le coloriage permet de se détendre, de développer son imagination et sa créativité.

Améliorer la tenue du stylo et la motricité fine

Une mauvaise tenue du stylo peut souvent être liée à un manque de mobilité des doigts et à une difficulté à les dissocier.

Voici une série d'exercices et d'activités ludiques pour améliorer la dextérité et la coordination des mains, favorisant ainsi une meilleure prise en main du stylo.

1. Exercices de mobilité et de dissociation des doigts

- Écarter les doigts : coudes sur la table, mains jointes, doigts se touchant, écarter les uns après les autres.
- Pianotage : main posée sur la table, lever successivement chaque doigt.

- Opposition du pouce : chaque doigt vient successivement toucher le pouce.
- Ombres chinoises : projeter des silhouettes avec les mains pour développer la coordination et la précision des mouvements.

2. Exercices de pré-graphisme et de motricité fine

- Dessiner des formes pré-graphiques : Boucles, ponts, etc., de plus en plus petites pour solliciter les doigts et non le poignet.
- La chenille sur le crayon : Faire avancer le pouce et l'index successivement le long du crayon.
- Flatter le crayon : Lever/poser l'index, le pouce, puis les trois autres doigts, 20 fois chacun.
- Le soldat : Pouce, annulaire et auriculaire pliés, index et majeur "marchent" sur la table.
- Colorier des petits carreaux, gribouiller sur une feuille.
- Dessiner un cercle puis une barre verticale à l'intérieur.

3. Jeux et activités ludiques

- Jeux les doigts malins : jeu d'observation et de dextérité pour reproduire rapidement des motifs.
- Jeux à fabriquer : jeu de Kim, échelles et toboggans, memory, domino des heures, bingo, Hexamino, etc…
- Marionnettes à doigts : fabriquer et manipuler des marionnettes pour développer la motricité fine et l'imagination.
- Faire des signes avec les doigts : OK, V de la victoire, plier le pouce,
- Utiliser des baguettes chinoises : attraper des petits objets pour développer la précision et la coordination.
- Cartes à gratter.

4. Conseils supplémentaires

- Adapter les activités à l'âge et aux capacités de l'enfant,
- Proposer des activités variées pour maintenir l'intérêt et la motivation,
- Encourager l'enfant et valoriser ses progrès,
- Faire preuve de patience ; l'amélioration de la motricité fine prend du temps,
- En combinant ces exercices et activités, vous aiderez l'enfant à développer sa motricité fine, sa coordination œil-main et sa dextérité, ce qui favorisera une meilleure tenue du stylo et une écriture plus aisée.

Développer la perception tactile

- Proposer des activités variées de manipulation et d'exploration : bac sensoriel, pâte à modeler, jeux de construction, tri d'objets, parcours sensoriel, peinture, jeux de reconnaissance tactile,
- Varier les textures et intégrer le toucher dans les activités quotidiennes,
- Encourager les jeux en plein air et les moments de massage,
- Adapter les activités aux besoins spécifiques de l'enfant.

Exercer les deux mains

Il est fondamental de travailler les deux mains de l'enfant, peu importe sa latéralité (le fait d'utiliser plus facilement une moitié du corps : la droite ou la gauche). Faire des boules de pâte à modeler et les écraser entre le pouce et l'index.

Faire des boules de pâte à modeler : les poser devant soi, poser son index sur l'une sans l'écraser, puis sur l'autre et l'écraser, ainsi de suite. Faire des boules de pâte à modeler, les attraper avec une pince crantée et faire en sorte que la boule ne marque pas. Alterner traits fins et épais au crayon de couleur, feutre, feutre pinceau ou la peinture. Traits fins = peu appuyés et traits épais = appuyés. Peinture au doigt, à l'éponge et laisser des traces plus ou moins marquées .

Utiliser un compte-goutte : demander à l'enfant de faire sortir les gouttes une à une. Si l'enfant a tendance à exercer une forte pression sur le crayon, lui demander d'écrire une phrase sans laisser d'empreinte au dos de la feuille. Toucher et distinguer à l'aveugle du sable, du gros sel, du couscous, de la farine, du sel fin... Identifier deux à deux les petits sacs opaques remplis de riz, de grains de café, de semoule, de lentilles, d'haricots blancs, de perles, de pâtes...

Faire écrire l'enfant sur du papier carbone qu'il se rende compte de son appui (trop de pression ou pas assez forte).

Ecrire avec un porte-mine à mine fine et assez longue : si elle casse vite, c'est que l'on appuie trop fort. Les yeux fermés, demander d'identifier différents objets. Jouer avec du sable magique (En tâtant le sable, en modelant précisément avec les mains et en le laissant s'effriter entre les doigts, le sable magique est une activité bénéfique pour le développement sensoriel.

Propre, sûr, amusant et polyvalent, le sable magique deviendra sans conteste un incontournable parmi les jeux de votre enfant, qui développe la perception tactile et donc qui permet de mieux contrôler la pression.

Ecrire et faire des dessins avec une ardoise magique en appuyant plus ou moins fort, utiliser un stylo lumineux.

Ces activités peuvent aider à améliorer la conscience corporelle, la coordination et la confiance en soi, favorisant ainsi l'apprentissage.

Comment l'enfant doit se tenir

L'enfant doit être assis ; face au bureau, le buste (Partie supérieure du corps humain) est décollé environ d'un poing de la table ; le dos légèrement incliné en avant (il ne doit pas reposer contre le dossier) ; les fesses au fond de la chaise ; les cuisses et les ischios (la portion postérieure et antérieure de l'os iliaque du bassin) reposent sur l'assise ; les coudes et les genoux forment un angle droit ; les pieds sont posés au sol à plat. Les épaules en position basse (relâchées) ; le poignet est dans le prolongement de l'avant-bras ; la tête est légèrement inclinée à gauche pour un droitier et inversement pour un gaucher.

L'enfant gaucher

Un enfant gaucher doit se placer sur le côté gauche d'une table si celle-ci est prévue pour deux ou à côté d'un autre gaucher, car si l'enfant gaucher est placé à droite d'un droitier, ils vont se gêner mutuellement.

Privilégier la rangée de gauche pour inciter les enfants gauchers à tourner la tête vers la droite, ce qui permettra de déverrouiller leurs nuques. Et surtout ne pas les installer contre le mur à gauche.

Matériel adapté au gaucher

De nombreux outils existent pour les gauchers : ciseaux, taille-crayon, stylos, règles, cahier avec des spirales à droite.

Tenue du crayon et la posture de l'enfant

Pensez à lui acheter des stylos pas trop fins, pour éviter la crispation des doigts et privilégiez ceux dont l'encre sèche vite, car la main recouvre l'écriture en progressant.

La main gauche doit rester dans l'axe du bras pour ne pas provoquer des tensions et doit être positionnée sous la ligne de base, ce qui est la même position que pour un droitier, mais en symétrie.

Le gaucher doit incliner sa feuille vers la droite, l'angle d'inclinaison est plus important que pour un droitier, car en écrivant son bras se rapproche de son corps, ce qui entrave le geste lorsqu'il écrit. L'enfant doit pouvoir voir ce qu'il écrit.

De la grande écriture à la petite écriture

La grande écriture est effectuée au tableau blanc ou sur une grande feuille, debout puis assis. Le mouvement vient de l'épaule et non des doigts. L'avant-bras et le poignet doivent glisser sur la feuille.

L'objectif est le sens de l'écriture « de gauche à droite », l'enfant doit savoir où il commence l'exercice, mais il faut qu'il arrive à distinguer sa gauche de la droite. S'il n'arrive pas, il faudra travailler d'abord cette question.

Ensuite il va intégrer l'enchaînement fluide sans soudures (croisement entre deux lettres de même orientation. On commencera par de simples lettres, qu'on complexifiera au fur et à mesure. Insister pour que le tracé soit continu car les combinaisons de signes pré graphiques sont infinies. Il n'est pas utile de faire faire plus de cinq formes.

Commencer par un grand format facilite le geste et va préparer l'enfant à effectuer un geste plus petit, qui aura la même forme mais qui devra être produit par le mouvement des doigts.

On entamera les exercices de petite progression qui vont se rapprocher pas à pas, des mouvements de l'écriture, et on travaillera la main et le poignet. Le mouvement de l'écriture est composé de deux parties :

1. *L'avant-bras est statique et le bras bouge ,*
2. *L'avant-bras et la main se déplace.*

Cet enchaînement pourrait être bien réalisé mais il pourrait aussi être moins bien réalisé, en fonction de l'âge et les difficultés de l'enfant.

Les exercices de petite progression sont réalisés sur une feuille A4 vierge, puis avec des lignes. On fera très attention au placement du corps, de la feuille, et que l'avant-bras et le poignet glissent sur la feuille et que le mouvement d'inscription vienne des doigts. On finira par écrire des mots.

Les formes pré-graphiques : boucles, ponts/arcades, traits ronds, sont des formes de base de l'écriture. Elles son apprises en même temps que les lettres. L'enfant apprend d'abord à repérer ces formes dans la réalité, les lignes verticales qu'on constate dans les passages piétons, les spirales dans la coquille de l'escargot, ces formes seront d'abord réalisées dans l'espace à l'aide d'un ruban ou d'un foulard, les yeux ouverts, puis fermés, on proposera aussi à l'enfant de suivre une ligne.

Puis on les tracera en grand format sur un tableau blanc ou sur de grandes feuilles A3, collées au mur, voire au sol puis sur une feuille A4, on travaillera d'une manière ludique, par exemple, les sauts de lapin ou de grenouille seront représentés par des ponts qui serviront à construire et les « m »et les « n », on créera des cheveux de princesse grâce à des boucles, forme de base pour les « e »et les « l ». Si l'enfant arrive à faire ces exercices, il saura écrire « me », « le ».

On peut aussi utiliser, la semoule, le sable, la pâte à modeler pour créer des formes sur le même principe que les lettres rugueuses.

Les possibilités sont infinies, il suffit d'un peu d'imagination. Il n'est pas nécessaire que l'enfant arrive à enchaîner plus de quatre à cinq formes à la suite, car il est rare d'enchainer plus de lettres lorsqu'on écrit.

Faire travailler les deux hémisphères de l'enfant

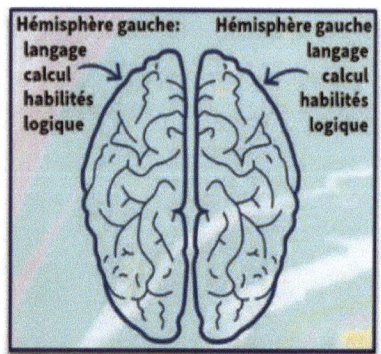

le calcul, la pensée analytique, le savoir-faire, les procédures, il attache de l'importance aux détails.

L'hémisphère droit est intuitif, il est généraliste, et attache de l'importance à la vue de l'ensemble. Il permet de capter le climat émotionnel d'une communication.

Il gère l'espace, l'intelligence globale, l'intuition, traite les images, couleurs et dimensions, surtout chaque nouvelle information passe par lui.

Toute activité demande l'implication des deux hémisphères de l'enfant. L'hémisphère gauche est rationnel, logique, il gère le temps, le langage,

Latéralisation et coordination :

Stimuler l'interaction des deux hémisphères chez l'enfant :

Le cerveau humain est divisé en deux hémisphères, chacun contrôlant la partie opposée du corps. L'hémisphère gauche est généralement associé à la logique, au langage et à l'analyse, tandis que l'hémisphère droit est lié à la créativité, à l'intuition et à la perception spatiale.

Chez l'enfant, il est essentiel de favoriser une bonne interaction entre les deux hémisphères pour un développement cognitif (*faculté d'apprentissage et d'évolution des fonctions intellectuelles telles que : l'intelligence, la mémoire, le langage ou la numération.*

Chez l'enfant, l'interaction avec l'environnement physique et socioculturel est particulièrement importante pour un bon développement cognitif) optimal. Cela passe notamment par la dissociation des segments corporels et la latéralisation, c'est-à-dire la capacité à utiliser préférentiellement une main, un pied ou un œil.

Voici quelques exercices qui peuvent aider à stimuler cette interaction et favoriser une bonne latéralisation :

Toucher le genou droit avec la main gauche, puis le genou gauche avec la main droite. Faire des mouvements circulaires avec un bras dans un sens et avec l'autre bras dans le sens opposé.

Jeux de balles et de ballons : Lancer et attraper une balle avec les deux mains, jongler, faire rebondir un ballon avec une main puis avec l'autre.

Activités manuelles : Dessiner, découper, coller, modeler avec les deux mains, en alternant ou en les utilisant simultanément.

Jeux de rythme et de musique : Taper des mains, des pieds, suivre un rythme avec des instruments de musique, danser en coordonnant les mouvements des différentes parties du corps.

Yoga et relaxation : Pratiquer des postures qui impliquent de croiser les bras ou les jambes, ou qui demandent une coordination entre les deux côtés du corps.

Ces exercices, pratiqués régulièrement de manière ludique, peuvent aider l'enfant à développer sa coordination, sa latéralisation et ses capacités cognitives.

Ils contribuent également à renforcer la communication entre les deux hémisphères cérébraux, favorisant ainsi un développement harmonieux et global.

Exercice de coordination intitulé : Feu d'artifice.

Matériel :
- Un tableau blanc ou une grande feuille ;
- Un feutre pour chaque main (de couleurs différentes pour faciliter la distinction).

Objectif :
- Stimuler la coordination bilatérale et l'interaction des deux hémisphères cérébraux ;
- Travailler la motricité fine et le contrôle des gestes ;
- Favoriser la concentration et la gestion de l'impulsivité (version freinée).

Déroulement :

1. **Préparation** :

- Fixer le tableau blanc au mur ou poser la grande feuille sur une surface verticale à hauteur de l'enfant ;
- Tracer une ligne verticale au centre pour séparer l'espace en deux ;
- Donner un feutre à chaque main de l'enfant.

2. Exécution :

- Version non freinée : l'enfant, debout face au support, trace simultanément avec ses deux mains des lignes courbes qui partent du centre bas et montent en s'écartant, vers le haut gauche pour la main gauche et le haut droit pour la main droite. Encouragez des mouvements fluides et amples, comme un feu d'artifice qui explose ;
- Version freinée : demandez à l'enfant de s'arrêter brusquement à différents moments de son tracé, sur votre signal. Cela l'aidera à contrôler ses gestes et à gérer son impulsivité.

3. Progression :

- Yeux ouverts puis fermés : commencez avec les yeux ouverts pour faciliter la coordination visuelle, puis proposez de faire l'exercice les yeux fermés pour renforcer la proprioception (perception du corps dans l'espace) ;
- Variation des formes : au lieu de simples courbes, proposez de dessiner des boucles, des spirales, des vagues, etc... ;
- Rythme imposé : accompagnez l'exercice avec de la musique et demandez à l'enfant d'adapter ses mouvements au rythme.

Points d'attention :

- Tenue du feutre : veillez à ce que l'enfant tienne correctement les feutres, sans trop serrer ni trop lâcher.
- Posture : encouragez une posture droite et stable, les pieds bien ancrés au sol.
- Adaptation : ajustez la difficulté de l'exercice en fonction de l'âge et des capacités de l'enfant.
- Valorisation : félicitez l'enfant pour ses efforts et ses moindres progrès.

Cet exercice, simple et ludique, peut être intégré dans un programme de rééducation ou d'accompagnement pour les enfants dyslexiques, ou simplement proposé comme une activité créative et stimulante pour tous les enfants :

Jouer avec des balles :

S'asseoir face à face et lancer avec sa main droite la balle, vers la main gauche de l'autre et inversement.

Crayonnage en miroir :

Même consigne que pour le feu d'artifice, mais cette fois l'enfant   trace avec ses deux mains simultanément des formes (lignes brisées, traits, courbes, boucles).

Le huit couche ou signe de l'infini :

Un huit couché (on trace en partant du centre, on tourne vers le haut, on revient au centre pour aller en haut à droite) peut-être dessiné dans l'espace avec la main, à l'aide d'un foulard, au feutre sur tableau blanc, au crayon sur feuille A3, un huit couché.

Cross-Crawl (activité de Brain Gym)

L'enfant restant sur place, il vient avec sa main gauche toucher son genou droit, puis avec sa main droite toucher son genou gauche. Pour y parvenir, il lève le genou.

Donner les moyens à l'enfant de se relaxer :

Les enfants en difficulté par rapport à l'écriture sont toujours crispés, stressés, angoissés… la relaxation est très importante et c'est une partie de la rééducation. Elle permet de se calmer avant le début de la séance et de faire la transition entre le monde extérieur et la séance. Dans les moments de stress, quand on constate de la fatigue chez l'enfant ou il ressent le besoin de :

- déclencher la motivation ;
- éveiller la créativité ;
- améliorer l'attention ;
- développer l'imagination ;
- augmenter la confiance en soi ;
- prendre conscience de son schéma corporel ;
- réguler le tonus musculaire.

Apaiser les émotions

Il suffit de deux à trois minutes par jour pour avoir des résultats durables.

Exemples d'exercices de relaxation :

- **Le tapis volant** : l'adulte est en position allongée sur le sol sur le dos, avec l'enfant couché à plat ventre sur son ventre. Lors de ce moment, on respire en sentant le contact des ventres qui se gonflent et se dégonflent. On imagine voler dans les airs calmement pour revenir chez nous. Pour les plus grands, chacun est sur son tapis. « Professeur de yoga vinyasa. ».
- **La grenouille** : proposez à votre enfant de se mettre en position de grenouille, puis de sauter deux ou trois fois en se déplaçant en avant, et enfin de rester immobile, avec le geste de retour au calme (paume des mains l'une contre l'autre, puis, on prend trois grandes respirations du ventre jusque dans la poitrine.
- **Le bonhomme de bois et la poupée de chiffon** : proposez à votre enfant de s'allonger au sol sur un tapis de gym ou de s'asseoir confortablement sur une chaise. Demandez-lui d'imaginer être un bonhomme de bois quelques secondes en contractant toutes les parties de son corps, touchez-le pour vérifier s'il est suffisamment contracté. Si ce n'est pas le cas, lui demander de se contracter plus fort. Puis

demandez-lui de devenir une poupée de chiffon, en relâchant toutes les parties de son corps.

- **Détendre le visage** : proposez à votre enfant de se masser le front, les joues, la nuque, la tête, les mains ou les pieds, en effectuant de petits mouvements circulaires.

- **Mimer une fleur qui grandit** : des animaux, le chat qui fait le dos rond, un papillon qui ouvre ses ailes….

- **Un endroit où l'enfant pourrait aller se calmer** : aménagez un endroit avec coussins, couverture, peluches et livres.

Exemple de rééducation :

<u>*Fatima : 11 ans 6ème présente*</u>

Ecriture trop grosse avec un haut potentiel, fille intellectuellement précoce, elle écrit au stylo, la tenue, la posture et la position de la feuille sont impeccables. L'écriture est grosse, elle monte trop haut, il y a des collages.

L'écriture est impulsive, les galbes (Présenter une courbe, une courbure.) des boucles ne sont pas maitrisés et elle est un peu anguleuse (L'écriture manuscrite anguleuse est une forme d'écriture à dominante droite). Elle est caractérisée par l'accentuation des angles, par le remplacement des courbes par des angles, les liaisons peuvent aussi avoir une trajectoire anguleuse.).

Elle lie bien les lettres. Existence d'une dysgraphie.

Lien entre la rééducation et le constat de dysfonctionnement :

Le constat initial de dysfonctionnement chez l'enfant a probablement révélé des difficultés dans la coordination motrice fine, la perception visuelle et/ou la latéralisation, impactant son écriture et son apprentissage. La rééducation, axée sur des exercices spécifiques comme les tracés-glissés, les boucles et le travail sur les trois zones d'écriture, visait à remédier à ces difficultés.

L'arrêt de la rééducation après vingt séances, car les objectifs sont atteints, indique que :

- **Les exercices ont été efficaces** : La rééducation a permis à l'enfant de développer ses compétences motrices, visuelles et de latéralisation, améliorant ainsi son écriture et ses capacités d'apprentissage.
- **Les difficultés initiales ont été surmontées** : L'enfant a atteint un niveau satisfaisant dans les domaines ciblés par la rééducation, lui permettant de poursuivre son développement sans nécessiter de séances supplémentaires.

Ce succès souligne l'importance d'un diagnostic précoce et d'une prise en charge adaptée pour les enfants présentant des difficultés d'apprentissage. La rééducation, lorsqu'elle est ciblée et personnalisée, peut permettre de combler les retards et de favoriser un développement harmonieux.

Karim : 12 ans, 6ème, gaucher, souffre du spectre de l'autisme

Il écrit avec un stylo-bille. Il gère bien son espace, sa posture est bonne. La prise de l'instrument est parfaite. La taille de l'écriture est bonne, on constate une dysgraphie chez Karim. Les lettres rondes sont scindées, il y a des soudures.

Rééducation : proposition d'un autre instrument graphique pour que le stylo glisse mieux, mais ce changement d'outil n'a pas été possible. Les personnes avec autisme ont du mal à supporter les changements. De plus, Karim parlait et écrivait très vite, donc lui proposer un outil qui glisse augmentait la vitesse de son écriture et déstructurait encore davantage. Travail *sur les boucles, les lettres atrophiées comme le « s », les lettres rondes, les tracés glissés, diminuer la vitesse avec des exercices rythmés. Quand il s'est rendu compte du résultat de son écriture « appliquée », il a compris que son écriture était plus lisible et a donc admis l'importance de ralentir, il fallait que tout soit ludique pour l'intéresser. Il suçait son pouce durant les rééducations (signe de réassurance et d'apaisement). Il s'est montré très motivé et n'a plus fait aucune faute d'orthographe. La rééducation s'est déroulée sur six mois et s'est arrêtée, car les objectifs ont été atteints.*

Selma, 12 ans, 6ème , autiste

Selma présente une lenteur à l'écriture, et quand elle écrit vite elle ressent les douleurs. Ecriture illisible :

Rééducation : on a travaillé sur les thèmes suivants : les dinosaures, les labyrinthes, travail sur les formes prégrahiques, travail sur tableau blanc, travail sur la confiance en soi, les émotions, dictées à trous, travail sur la zone médiane de l'écriture.

La rééducation s'est arrêtée après vingt-cinq séances, l'écriture est devenue lisible et la vitesse adaptée. Les objectifs atteints.

XIV.   L'imaginaire

Est la capacité de l'esprit à créer, inventer, concevoir des représentations mentales qui ne sont pas directement liées à la réalité tangible. Il englobe toutes les productions de l'imagination, qu'elles soient personnelles ou collectives. Il permet d'explorer, de dépasser les limites du réel et joue un rôle essentiel dans le développement humain.

La faculté de créer mentalement des représentations, des idées, des mondes qui n'existent pas dans la réalité. Capacité à concevoir, inventer, rêver, fantasmer.

XV.   Manifestations de l'imaginaire

- Rêves : images et scénarios qui se forment pendant le sommeil.
- Fantasmes : Désirs, pensées, scénarios imaginaires souvent liés à la sexualité.
- Créations artistiques : littérature, peinture, musique, cinéma...
- Jeux : Jeux de rôle, jeux vidéo, jeux d'enfants...
- Mythes et légendes : récits traditionnels peuplés de créatures et de héros imaginaires.

Rôles et pouvoirs de l'imagination

Qu'est-ce que l'imaginaire ?

L'imaginaire joue un rôle essentiel dans divers aspects de la vie humaine : il contribue à la construction de notre identité, stimule notre créativité, nous aide à gérer nos émotions, facilite notre adaptation et notre capacité à résoudre des problèmes, favorise la création de liens sociaux, permet la transmission de la mémoire collective et offre un espace pour la critique sociale.

- Évasion : S'affranchir des contraintes du quotidien et voyager dans des univers inexplorés.
- Création : Concevoir et donner vie à des œuvres uniques et originales.
- Compréhension du monde : Envisager de nouvelles perspectives et explorer des alternatives à la réalité.
- Développement personnel : Nourrir sa créativité, son empathie et sa capacité à résoudre des problèmes.

Importance de l'imaginaire

L'imaginaire est un élément fondamental de l'expérience humaine, jouant un rôle crucial dans de nombreux domaines :

- **Essentiel à l'enfance** : L'imaginaire est le moteur du développement cognitif, social et émotionnel de l'enfant. Il lui permet d'explorer le monde, de comprendre les relations sociales, de gérer ses émotions et de construire sa personnalité.
- **Stimule la créativité** : L'imaginaire est la source de toute innovation et création. Il permet de sortir des sentiers battus, d'envisager de nouvelles possibilités et de trouver des solutions originales aux problèmes.
- **Nourrit la culture** : L'imaginaire est le terreau fertile de toutes les formes d'art et de création. Il inspire les artistes, les écrivains, les musiciens et tous ceux qui contribuent à l'enrichissement de notre patrimoine culturel.
- **Contribue au bien-être** : L'imaginaire est une source de plaisir, de détente et d'évasion. Il nous permet de rêver, de nous évader du quotidien et de nous ressourcer.

En somme, l'imaginaire est une faculté essentielle qui nous permet de grandir, de créer, de nous épanouir et de donner du sens à notre existence.

IV.   Conclusion

La dyslexie est un mode d'apprentissage différent qui affecte la lecture et l'écriture. Elle se caractérise par des difficultés persistantes dans le décodage, c'est-à-dire l'association des sons de la parole avec les lettres et les mots .

Causes :

- Origine neurologique et génétique : La dyslexie est liée à des différences dans le fonctionnement du cerveau, notamment dans les zones impliquées dans le traitement du langage écrit.
- Facteurs héréditaires : Elle a souvent une composante familiale, suggérant une prédisposition génétique.

Manifestations :

- Lecture lente et laborieuse,
- Difficultés à reconnaître et mémoriser les mots,
- Confusion entre lettres et sons similaires,
- Difficultés de compréhension en lecture,
- Difficultés en écriture (orthographe, grammaire).

Impacts :

- Difficultés scolaires : la dyslexie peut affecter la réussite scolaire dans toutes les matières nécessitant la lecture et l'écriture.
- Impact psychologique : elle peut entraîner une baisse de l'estime de soi, de l'anxiété et un sentiment de frustration.
- Difficultés dans la vie quotidienne : la lecture et l'écriture étant omni-présentes, la dyslexie peut impacter de nombreux aspects de la vie quotidienne (lire un menu, remplir un formulaire, etc.).
- Prise en charge.
- Diagnostic précoce : il est essentiel pour mettre en place rapidement des mesures de soutien adaptées.
- Stratégies d'apprentissage spécifiques : elles visent à compenser les difficultés et à développer des compétences alternatives.
- Outils technologiques : logiciels de lecture, correcteurs orthographiques exposer, etc. peuvent faciliter l'apprentissage.
- Soutien psychologique : il est important pour aider la personne dyslexique à développer sa confiance en elle et à surmonter les obstacles.

Points clés :

La dyslexie n'est pas un signe de faible intelligence ou de paresse.

Avec un accompagnement adéquat, les personnes dyslexiques peuvent réussir à l'école et dans la vie.

La dyslexie est une différence, pas un handicap. Elle peut même être associée à des forces dans d'autres domaines, comme la créativité ou la pensée visuelle.

Important

La dyslexie est une forme d'intelligence particulière qui nécessite une prise en charge adaptée.

Avec le bon soutien et les bonnes stratégies, les personnes dyslexiques peuvent réussir à l'école et dans la vie.

L'essentiel est de ne pas se laisser définir par ses difficultés et de développer ses forces.

L'AUTISME

I.   Introduction

Les grandes catégories d'autisme sont : Kanner, Asperger, TED-NOS ...

Aujourd'hui, les classifications internationales n'utilisent plus la notion de Troubles Envahissant du Développement (TED) mais la notion de Trouble du Spectre de l'Autisme (TSA).

Mon expérience, servira à comprendre les difficultés des élèves avec TSA, et vous donner les moyens de les encadrer efficacement.

C'est un ouvrage qui vous permettra de comprendre les élèves autistes, leur apprendre à lire, à écrire, à construire des récits, à progresser, à s'ouvrir sur la société et particulièrement à être autonome.

Ce livre à travers mon expérience des conseils pratiques et des activités à utiliser pour faire progresser les élèves au quotidien.

Pour résumer, l'autisme est une façon différente de percevoir et d'interagir avec le monde.

Les personnes autistes possèdent des aptitudes et des forces uniques, et avec un accompagnement adapté, elles peuvent s'épanouir pleinement et mener une vie riche et satisfaisante.

Altération des fonctions exécutives

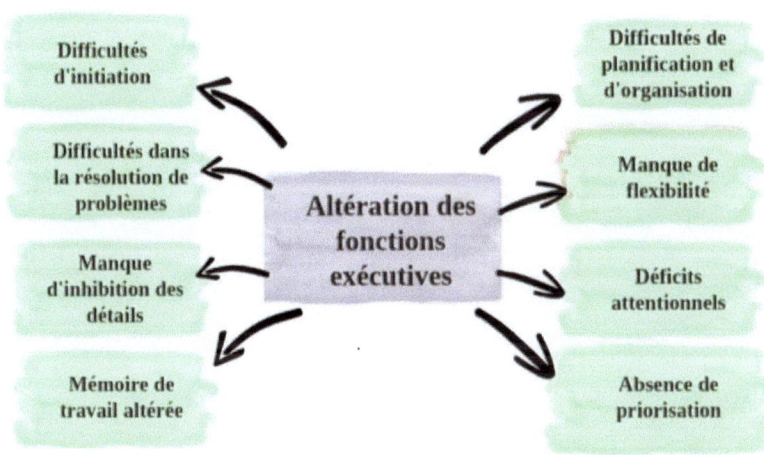

II. Causes, symptômes et caractéristiques de l'autisme

Bien que les causes exactes de l'autisme restent un domaine de recherche active, voici un résumé des facteurs actuellement considérés comme contribuant au développement de ce trouble :

- **Prédisposition génétique** : De multiples gènes interagissent pour augmenter la probabilité de développer l'autisme ;

- **Facteurs environnementaux** :
  - Exposition prénatale à certains médicaments ou produits chimiques,
  - Complications pendant la grossesse ou l'accouchement,
  - Infections virales.

La recherche continue de progresser, offrant un éclairage de plus en plus précis sur les origines de l'autisme et ouvrant la voie à de meilleures interventions et traitements.

Il est essentiel de rappeler que

- l'autisme n'est pas causé par les vaccins ou le style parental.
- l'autisme est un trouble neurodéveloppemental complexe sans cause unique.

L'autisme en quelques images

A du mal à comprendre et se faire comprendre

Répétition automatique de la parole ou écholalique

Affiche de l'indifférence

Manque de contact visuel

Hypersensibilité aux bruits, aux odeurs...

Répétition automatique de la parole ou écholalique

Angoisse née du changement

Joue seul

S'aide de la main d'un adulte pour indiquer les choses ou ses besoins

L'autisme se caractérise par

- Des difficultés sociales: difficultés à communiquer, à comprendre les émotions et à interagir avec les autres.
- Des comportements répétitifs: mouvements répétitifs, intérêts spécifiques intenses, besoin de routines et sensibilité sensorielle atypique.

Ces manifestations varient en intensité et se présentent différemment chez chaque individu.

Principaux symptômes de l'autisme

L'autisme se manifeste par une diversité de symptômes qui peuvent varier en intensité d'une personne à l'autre.

On les regroupe généralement en deux grandes catégories :

Difficultés sociales et de communication :
- Difficultés à initier et maintenir des conversations,
- Difficultés à comprendre les émotions et les intentions d'autrui,
- Difficultés à établir et maintenir des relations.

Communication non verbale atypique (contact visuel limite, etc.) :
- Comportements restreints et répétitifs,
- Mouvements répétitifs (balancement, battements de mains, etc…),
- Intérêts spécifiques et intenses,
- Besoin de routines et de prévisibilité,
- Hypersensibilité ou hyposensibilité sensorielle (réactions inhabituelles aux sons, à la lumière, etc.).

Autres caractéristiques possibles :
- Retard ou développement atypique du langage,

- Difficultés d'apprentissage,
- Anxiété ou dépression,
- Troubles du sommeil,
- Troubles gastro-intestinaux.

Important

Le spectre de l'autisme est vaste, chaque personne est unique.

L'autisme est un trouble neurodéveloppemental présent dès la petite enfance.

Un diagnostic précoce et une prise en charge adaptée sont cruciaux pour favoriser le développement et la qualité de vie des personnes autistes.

ENFANTS AUTISTES
La route peut paraître sinueuse pour avoir des relations sociales normales !

Comprendre les enjeux des relations

Discuter avec les autres
Jouer un rôle en société

Bouger ses bras quand on parle
Gérer l'angoisse
Regarder son interlocuteur

Ne pas trop parler de ses passions
Anticiper les converations
Porter des habits qui grattent

Comprendre l'implicite
Lire les émotions des autres
Supporter un bruit

Cacher ses stréréotypes
Imiter les autres
Soigner son apparence
Comprendre une blague

Favoriser l'épanouissement scolaire des enfants autistes : adaptations et accompagnement

Nécessite une approche globale, combinant des adaptations pédagogiques, un accompagnement individualisé et la création d'un environnement inclusif.

1- Adaptations pédagogiques et accompagnement individualisé :

Plan d'Accompagnement Personnalisé (PAP) ou Plan Personnalisé de Scolarisation (PPS) : ces outils permettent de définir les besoins spécifiques de l'enfant et de mettre en place des aménagements adaptés, tels que :

-   l'adaptation des supports pédagogiques : utilisation de supports visuels, de pictogrammes, de matériel concret, etc...,
-   l'adaptation des méthodes d'évaluation : évaluations orales, utilisation d'outils numériques, temps supplémentaire, etc...,
-   l'aménagement de l'espace et du temps : création de zones de calme, temps de pause, emploi du temps visuel, etc...

Pédagogies adaptées :

Utilisation de méthodes d'apprentissage spécifiques, telles que :

-   l'approche **TEACCH** : structuration de l'environnement, utilisation de supports visuels, renforcement positif,
-   l'**ABA** (Applied Behavior Analysis) : analyse fonctionnelle du comportement, apprentissage par étapes, renforcement positif.

Accompagnement individualisé.

Méthodes multisensorielles *:* utilisation de différents canaux sensoriels pour faciliter l'apprentissage.

Auxiliaire de vie scolaire (A.V.S) : accompagnement de l'enfant dans sa scolarité, aide à l'autonomie, gestion des comportements difficiles.

Professionnels spécialisés : orthophoniste, psychomotricien, ergothérapeute, psychologue, etc…

Collaboration avec les parents : échanges réguliers d'informations, soutien et conseils.

2- Création d'un environnement inclusif :

Sensibilisation et formation du personnel éducatif : mieux comprendre l'autisme et adapter ses pratiques pédagogiques.

Inclusion en classe ordinaire : favoriser l'interaction avec les autres élèves et l'apprentissage des compétences sociales.

Lutte contre le harcèlement et la discrimination : créer un climat scolaire bienveillant et respectueux de la différence.

Adaptation des supports pédagogiques : utilisation de supports visuels, de pictogrammes, de matériel concret, etc.

Adaptation des méthodes d'évaluation : évaluations orales, utilisation d'outils numériques, temps supplémentaire, etc.

Aménagement de l'espace et du temps : création de zones de calme, temps de pause, emploi du temps visuel, etc…

Chaque enfant autiste est unique : les adaptations et l'accompagnement doivent être personnalisés en fonction de ses besoins spécifiques.

La collaboration entre l'école, les parents et les professionnels est essentielle pour assurer la réussite scolaire de l'enfant.

L'inclusion en milieu scolaire ordinaire est bénéfique pour le développement social et l'apprentissage des enfants autistes.

La sensibilisation à l'autisme et la lutte contre la stigmatisation sont cruciales pour créer un environnement scolaire favorable à l'épanouissement de tous les élèves.

Conclusion

Favoriser l'épanouissement scolaire des enfants autistes demande un engagement de tous les acteurs de la communauté éducative.

En mettant en place des contenus adaptés, un accompagnement individualisé et un environnement inclusif, on permet à ces enfants de développer leur plein potentiel et de s'épanouir à l'école.

III.   Recherches scientifiques sur l'autisme : progrès et perspectives

L'autisme, ou trouble du spectre de l'autisme (TSA), demeure un domaine de recherche actif et en constante évolution.

Les scientifiques explorent de multiples pistes pour mieux comprendre ses causes, ses mécanismes et développer des interventions plus efficaces.

Facteurs génétiques

Prédisposition génétique : de nombreuses études ont mis en évidence une forte composante génétique dans l'autisme. Plusieurs gènes ont été identifiés comme étant associés à un risque accru de développer le TSA, bien qu'aucun gène unique ne soit responsable à lui seul.

Hérédité complexe : l'hérédité de l'autisme est complexe et implique probablement l'interaction de multiples gènes, chacun contribuant à une petite part du risque.

Imagerie générale

Différences structurelles et fonctionnelles : des études d'imagerie cérébrale ont révélé des différences dans la structure et le fonctionnement du cerveau chez les personnes autistes, notamment au niveau de la connectivité entre les régions cérébrales.

Ces différences pourraient expliquer les difficultés de communication et de socialisation observées.

Facteurs environnementaux

Exposition prénatale : l'exposition à certains polluants ou infections pendant la grossesse pourrait augmenter le risque d'autisme, en interaction avec des prédispositions génétique

Autres facteurs : d'autres facteurs environnementaux potentiels sont étudiés, tels que les complications à la naissance, l'exposition à des pesticides ou à des métaux lourds.

Microbiome et génétique : clés pour comprendre et mieux accompagner l'autisme.

Lien potentiel

Des recherches récentes suggèrent un lien entre le microbiome intestinal (l'ensemble des micro-organismes présents dans l'intestin) et l'autisme. Des différences dans la composition du microbiome ont été observées chez les personnes autistes, et des études animales suggèrent une influence du microbiome sur le développement du cerveau et le comportement.

Identification de gènes liés à l'autisme : des centaines de gènes ont été associés à un risque accru d'autisme, mais aucun gène unique ne peut expliquer tous les cas. La plupart des impliquent des variations dans de nombreux gènes, chacun contribuant à un faible pourcentage du risque ;

Etude des mutations génétiques : les chercheurs étudient comment les mutations génétiques affectent le développement du cerveau et contribuent aux caractéristiques de l'autisme ;

Rôle de l'épigénétique : l'épigénétique, qui étudie les modifications de l'expression des gènes sans altération de la séquence d'ADN, est également explorée pour comprendre comment l'environnement peut influencer le risque d'autisme.

IV.   Neurobiologie et impact de l'environnement à travers les étapes de la vie sur l'autisme

Connectivité cérébrale : des études d'imagerie cérébrale ont révélé des différences dans la connectivité entre différentes régions du cerveau chez les personnes autistes.

Neurotransmetteurs : des déséquilibres dans les niveaux de certains neurotransmetteurs, comme la sérotonine et le glutamate, ont été observés chez certaines personnes autistes.

Développement cérébral précoce : des recherches suggèrent que l'autisme pourrait être lié à des anomalies dans le développement cérébral précoce, notamment une croissance excessive du cerveau dans les premières années de vie.

Exposition prénatale : certains facteurs environnementaux pendant la grossesse, comme l'exposition à certains médicaments, produits chimiques ou infections, pourraient augmenter le risque d'autisme.

Complications à la naissance : des complications lors de l'accouchement, comme un faible poids à la naissance ou une prématurité, ont également été associées à un risque accru d'autisme.

Facteurs postnataux : l'influence de l'environnement postnatal, comme l'alimentation, l'exposition à des toxines ou le stress, est également étudiée.

Perspectives futures

L'avenir de l'autisme s'annonce prometteur, avec des avancées attendues dans plusieurs domaines :

- Compréhension accrue des causes génétiques, du rôle du microbiome et du fonctionnement du cerveau,
- Diagnostic amélioré grâce à des outils de dépistage précoce, des biomarqueurs et l'intelligence artificielle,
- Interventions personnalisées basées sur le profil génétique, incluant de nouveaux médicaments et thérapies, ainsi que des technologies d'assistance,

- Inclusion sociale renforcée grâce à la sensibilisation, l'adaptation de l'environnement et l'amélioration de l'accès à l'emploi.

Ces progrès permettront une meilleure prise en charge et une plus grande qualité de vie pour les personnes autistes.

La recherche scientifique est présente : les études sur les facteurs environnementaux et l'autisme sont complexes et les résultats peuvent parfois être contradictoires. Il est important de rester prudent dans l'interprétation des données et de consulter des sources fiables.

Pas de lien de causalité direct : la présence d'un facteur environnemental ne signifie pas nécessairement qu'il causera l'autisme. Il s'agit plutôt d'une augmentation du risque, qui peut interagir avec des facteurs génétiques et d'autres éléments.

Prévention : bien que tous les facteurs de risque ne soient pas évitables, certains peuvent être limités. Il est important pour les femmes enceintes de suivre les recommandations médicales, d'éviter l'exposition à des substances nocives et de prendre soin de leur santé physique et mentale.

Si vous avez des inquiétudes concernant les facteurs de risque environnementaux et l'autisme, n'hésitez pas à en parler à votre médecin ou à un professionnel de santé qualifié.

L'autisme n'est pas causé par les vaccins. De nombreuses études ont réfuté cette hypothèse Jain A et al. (2015). Autism occurrence by MMR vaccine status among US children with older siblings with and without autism. JAMA, 313(15):1534-40.

Cette étude a comparé le risque d'autisme chez les enfants ayant des frères et sœurs autistes, vaccinés ou non avec le ROR, et n'a trouvé aucune différence significative.

De Stefano F et al. (2013). Increasing exposure to antibody-stimulating proteins and polysaccharides in vaccines is not associated with risk of autism. J Pediatr, 163(2):561-7.

Il est important de noter que :
Ces études ne sont que quelques exemples parmi de nombreuses autres qui ont abouti à la même conclusion.

L'hypothèse d'un lien entre les vaccins et l'autisme a été largement discréditée par la communauté scientifique.

L'étude originale qui avait suggéré ce lien a été rétractée en raison de graves problèmes méthodologiques et de conflits d'intérêts.

LES PRINCIPALES CARACTERISQRIQUES DE LA COMMUNICATION AUTISTIQUE

Désordre des comportements non verbaux

- Intéprétation du langage corporel.
- Incohérence et / ou exagération de la gestuelle des mains avec le contexte vécu.
- Les paroles ne sont pas accompagnées par une gestuelle corporelle coordonnée.
- Des expressions faciales peuvent être incohérentes, atténuées ou inexistantes avec la situation factuelle, communicationnelle ou émotionnelle.
- Difficultés de supporter des regards fixes. D'où le recours à un regard fuyant ou périphérique.
- Intonation monocorde de la voix.

Désordre du développemnt et deu maintien des relations sociales

- Appauvrissement des relations sociales résultant des difficultés à communiquer.
- Une manière de jouer qui est propre; ce qui crée un isolement avec les camarades.

Détérioration de la récéprocité sociale et / ou émotionnelle

- Difficultés dans l'identification du rôle de l'émetteur et du récepteur, ce qui se traduit parfois. par une non réponse à une question.
- Difficultés à juger le niveau de compréhension d'un message.
- Difficultés dans l'identification d'une information pertinente.
- Intervention inattendue dans une discussion en tête à tête.
- Utilisation d'un langage répétitif (**écholalique).**

Niveau du langage

- Le langage répétitif favorise l'apprentissage de différentes langues.
- Posséder un vocabulaire riche et varié, notamment dans les centres d'intérêts spécifiques, Cela résulte donne un niveau intellectuel elevé des discussions, et sont plutôt basées sur les faits.
- Peuvent expliquer le fonctionnement d'un concept.

Conclusion

Les preuves scientifiques sont claires : il n'y a aucun lien entre les vaccins et l'autisme. Les vaccins sont sûrs et efficaces, et ils jouent un rôle essentiel dans la protection de la santé publique.

L'autisme n'est pas causé par le style parental ou l'éducation.

La recherche sur les causes de l'autisme est en constante évolution. De nouvelles découvertes sont faites régulièrement, ce qui permet de mieux comprendre ce trouble complexe.

V.   Traitements en milieu familial de l'autisme

Bien qu'il n'existe pas de remède à l'autisme, de nombreuses interventions et stratégies peuvent être mises en place au sein du milieu familial pour aider l'enfant à développer ses compétences, à gérer ses difficultés et à améliorer sa qualité de vie. Voici quelques approches clés :

Education et interventions comportementales

Se concentrer sur l'apprentissage de comportements spécifiques par le biais de renforcements positifs. Elle peut aider à améliorer la communication, les compétences sociales et l'autonomie.

Utiliser des supports visuels et une structuration de l'environnement pour faciliter la compréhension et l'apprentissage.

Encourager l'interaction et la communication en suivant les intérêts de l'enfant. Mettre l'accent sur la relation parent-enfant et le développement global de l'enfant en tenant compte de ses besoins émotionnels et sensoriels.

Prise en charge des besoins spécifiques

- **Orthophonie** : pour améliorer la communication verbale et non verbale ;
- **Psychomotricité** : pour développer la coordination motrice, la conscience corporelle et l'équilibre ;
- **Ergothérapie** : pour favoriser l'autonomie dans les activités de la vie quotidienne (habillage, alimentation, etc...) ;
- **Psychothérapie** : pour aider l'enfant à gérer l'anxiété, la dépression ou d'autres difficultés émotionnelles.

Adaptation de l'environnement familial et soutien aux familles

- **Structuration et prévisibilité** : instaurer des routines et des horaires clairs pour aider l'enfant à se sentir en sécurité et à anticiper les événements.
- **Communication claire et concise** : utiliser un langage simple et direct, en évitant les métaphores ou le sarcasme.
- **Stimulation sensorielle adaptée** : identifier et minimiser les stimuli sensoriels qui peuvent être perturbants pour l'enfant (lumière, bruit, textures).
- **Aménagements spécifiques** : adapter l'espace de vie pour répondre aux besoins sensoriels de l'enfant (coin calme, éclairage tamisé, etc....).
- **Groupes de soutien** : pour échanger avec d'autres parents d'enfants autistes, partager des expériences et obtenir du soutien émotionnel.
- **Formations et ateliers** : pour apprendre des stratégies concrètes pour accompagner son enfant au quotidien.
- **Aide à domicile** : pour bénéficier d'un soutien professionnel dans la prise en charge de l'enfant.

- **Centres médico-sociaux** : proposent des prises en charge pluridisciplinaires pour les enfants autistes.
- **Associations** : comme Autisme France ou Sésame Autisme, offrent des informations, du soutien et des activités pour les familles.
- **Professionnels libéraux** : orthophonistes, psychomotriciens, psychologues spécialisés dans l'autisme peuvent proposer des thérapies à domicile.
- **Services d'aide à domicile** : peuvent apporter un soutien aux familles dans la prise en charge quotidienne de l'enfant.

Il est important de se rappeler que chaque enfant autiste est unique, et ce qui fonctionne pour l'un peut ne pas fonctionner pour l'autre. Il est donc crucial d'adapter les stratégies et les interventions aux besoins spécifiques de l'enfant, en collaboration avec les professionnels de santé et l'équipe éducative. La clé du succès réside dans une approche globale, combinant des interventions adaptées, un environnement familial favorable et un soutien solide aux parents.

VI.   Traitements en milieu scolaire et accompagnement spécialisé

Traitements et adaptations pour un enfant autiste à l'école joue un rôle crucial dans le développement et l'épanouissement d'un enfant autiste.

Pour favoriser son inclusion et sa réussite scolaire, différentes mesures et adaptations peuvent être mises en place :

Des professionnels qui accompagnent l'enfant au quotidien, l'aident à comprendre les consignes, à s'organiser et à gérer les situations sociales.

Enseignants spécialisés : Certains établissements scolaires disposent d'enseignants formés aux spécificités de l'autisme, capables d'adapter leur pédagogie et leurs supports. Ces dispositifs permettent aux élèves autistes de bénéficier d'un enseignement adapté au sein d'un établissement scolaire ordinaire, avec un accompagnement renforcé.

Adaptations pédagogiques et interventions thérapeutiques

- **Supports visuels** : utilisation d'images, de pictogrammes ou d'objets pour faciliter la compréhension et la communication.
- **Structuration de l'environnement** : organisation claire de l'espace et des activités pour favoriser la prévisibilité et réduire l'anxiété.
- **Temps de repos** : aménagement de moments de calme et de détente pour éviter la surcharge sensorielle.
- **Adaptation des évaluations** : utilisation de modalités d'évaluation adaptées aux besoins de l'élève (oral, pratique, etc....).
- **Orthophonie** : pour travailler la communication verbale et non verbale en lien avec les apprentissages scolaires.
- **Psychomotricité** : pour améliorer la coordination motrice, l'équilibre et la gestion des émotions, favorisant ainsi la participation en classe.
- **Psychothérapie** : pour aider l'enfant à gérer l'anxiété, les difficultés sociales ou les troubles du comportement pouvant affecter sa scolarité.

Sensibilisation à l'inclusion

Il est crucial de faire prendre conscience de l'importance d'intégrer les élèves autistes dans des classes inclusives au moyen de :

- **Formation des enseignants et du personnel** : pour mieux comprendre l'autisme et adapter leurs pratiques.

- **Sensibilisation des élèves** : pour favoriser l'acceptation et l'inclusion de l'enfant autiste au sein de la classe.
- **Partenariat avec les parents** : pour assurer une cohérence entre les interventions à la maison et à l'école.

Il est encourageant de savoir qu'il y a de l'espoir pour les enfants autistes. La clé réside dans la collaboration entre professionnels et parents, à tous les niveaux, afin de soutenir ces enfants face aux défis liés à l'autisme. Ensemble, nous pouvons faire une réelle différence.

L'autisme est une forme de pathologie grave, elle évolue vers un retard, avec l'absence de contact avec l'entourage, plusieurs recherches indiquent que seulement, une petite catégorie des enfants avec autisme pourra mener une vie indépendante, une fois adulte.

Le traitement de ces enfants est une obligation pour réduire voire éliminer leurs difficultés de communication et élargir leur champ d'intérêt et d'activités.

Les expérimentations et les observations directes démontrent que ces enfants possèdent les commencements cognitifs qui leur permettent d'avoir la capacité de mentalisation (La capacité de mentalisation se déploie dans un contexte relationnel, en effet, la mentalisation consiste en la capacité à identifier ses propres états mentaux, à reconnaître ceux des autres, ainsi que l'impact réciproque des uns sur les autres).

Les tentatives d'ouverture à plus d'espace provoquent une angoisse sévère. Les techniques et le tissage progressifs permettraient d'élargir leur espace et supporter des situations moins angoissantes.

Dans l'exercice de mes fonctions, je vais exposer ma méthode utilisée en direction des enfants avec le spectre de l'autisme.

VII.   Comprendre l'autisme : un défi complexe et nuancé

L'autisme, un trouble du neurodéveloppement complexe, se manifeste de manière unique chez chaque individu.

Si certaines caractéristiques sont communes, telles que les difficultés dans la communication sociale et la présence d'intérêts restreints et répétitifs, l'expression de ces difficultés varie grandement d'une personne à l'autre.

Les défis de la communication : au-delà des difficultés à exprimer ses besoins et ses émotions, les personnes autistes peuvent également éprouver des difficultés à comprendre les nuances du langage non verbal, comme le ton de la voix ou les expressions faciales.

Les interactions sociales : les relations sociales peuvent être perçues comme complexes et sources d'anxiété. Les personnes autistes peuvent avoir du mal à initier des interactions, à maintenir une conversation ou à comprendre les règles sociales implicites.

Les intérêts spécifiques : ces intérêts peuvent être très intenses et absorber une grande partie du temps et de l'énergie de la personne. Ils peuvent également être associés à des comportements répétitifs, comme le balancement ou les rotations.

Les sensibilités sensorielles : les personnes autistes peuvent être hypersensibles à différents stimuli sensoriels, ce qui peut influencer leur comportement et leur bien-être.

VIII.   Accompagner l'autisme : Une approche personnalisée

Pour accompagner au mieux les personnes autistes, il est crucial d'adopter une approche individualisée et basée sur leurs forces et leurs besoins spécifiques.

Bâtir une relation de confiance : la relation de confiance est fondamentale pour établir un climat de sécurité et favoriser l'apprentissage.

Adapter l'environnement : un environnement structuré et prévisible, ainsi que des aménagements adaptés aux besoins sensoriels de la personne, peuvent réduire l'anxiété et faciliter l'apprentissage.

Utiliser des outils variés : les supports visuels, les systèmes de communication augmentative et alternative (**CAA**), les méthodes d'enseignement structurées comme l'ABA, ainsi que les nouvelles technologies peuvent être des outils précieux.

Développer les compétences sociales : les activités de groupe, les jeux de rôle et les programmes d'entraînement aux compétences sociales peuvent aider les personnes autistes à améliorer leurs interactions sociales.

Collaborer avec la famille : une collaboration étroite avec la famille est essentielle pour assurer la continuité des apprentissages et favoriser le bien-être de la personne.

IX.   L'importance de la recherche et de l'innovation

Les recherches sur l'autisme progressent rapidement, ouvrant de nouvelles perspectives en matière de diagnostic, de prise en charge et d'inclusion.

De nouvelles approches thérapeutiques, telles que les thérapies comportementales cognitives ou les interventions basées sur les neurosciences, sont en cours d'évaluation.

Conclusion

L'autisme est un spectre complexe qui nécessite une approche globale et personnalisée.

En combinant les connaissances actuelles, les dernières avancées en matière de recherche et une approche centrée sur la personne, il est possible d'améliorer significativement la qualité de vie des personnes autistes et de leurs familles.

X.   Le comportement des élèves avec T.S.A

Durant les prises en charge quotidiennes. J'ai commencé à ne pas accepter n'importe quoi de ces élèves, pour éviter leurs colères, pour éviter leurs hurlements, je passe à autre chose avec d'autres élèves sans limitations fonctionnelles qui composent le même groupe-classe. Systématiquement, un apaisement s'installe, particulièrement un, parmi les trois qui est beaucoup plus agité, angoissé, anxieux par rapport aux deux autres.

Sans opposition, il retrouve son calme mais si jamais la colère reprend, je lui propose une activité qu'il aime mais pour une courte période seulement, le temps de se calmer. Je partage les responsabilités quotidiennes, entre élèves et cet élève autiste et toujours heureux, satisfait à l'arrivée de son tour.

Mes entretiens avec les parents de cet élève ont été toujours fructueux et porteurs de bonnes initiatives, ils ont compris comment dépasser les sentiments d'impuissance.

Les relations avec les parents

Je partage toujours ma méthode de travail avec les parents :

- Initier, mais jamais contraindre un enfant, c'est ce que je fais avec leur enfant en classe,
- Enseigner, leur apprendre de nouvelles choses mais jamais les forcer,
- Les solliciter pour n'importe quelle tâche mais jamais les bloquer,
- Les exigences sont indispensables, mais jamais les terroriser.

Les activités des élèves en dehors de l'établissement

J'ai proposé aux parents de l'enfant le plus en difficulté, d'aménager une chambre de la maison, où l'enfant court le moins de risque d'accidents domestiques, une certaine autonomie est souhaitable.

Cet enfant, ne s'exprime pas correctement, j'utilise donc un ordinateur ; il sait lire voire déchiffrer, et écrire après un parcours difficile en dehors de l'école, il n'a que peu d'activités.

Les parents de cet élève sont épuisés et se sentent démunis face à la situation. Ils mentionnent qu'il "traîne dans le quartier avec d'autres".

Cette information, combinée à leur sentiment de manque de soutien, soulève des questions sur les activités de cet élève en dehors du cadre scolaire. Il serait important d'en apprendre davantage sur son environnement social et ses occupations pour mieux comprendre la situation et envisager des solutions adaptées.

Son comportement, dans le cadre scolaire a évolué favorablement mais le bilan est loin d'être satisfaisant, même si la famille mène une vie rudimentaire.

Chaque jour, je réfléchis sur les mécanismes à enclencher dans différentes formes d'apprentissage, leurs limites leurs avantages et leurs inconvénients.

Apprentissages et dynamisme de l'élève

Je m'appuie sur l'apprentissage par la répétition jusqu'à l'obtention de l'acquisition dans un premier temps. Cette méthode est loin d'apporter ses fruits.

Je m'appuie, sur la dynamique interne de l'élève, dans un objectif à l'aider à passer les stades de développement enfantins.

Cette méthode porte ses fruits, l'élève s'intéresse mieux, s'aventure dans des créations nouvelles et commence à s'organiser.

Il ne présente plus, ou rarement les troubles majeurs de l'attention dont il souffrait.

Il n'a presque plus de difficultés à initier une action.

Il utilise aisément l'expérience acquise même s'il présente toujours une variabilité des réponses.

Les capacités d'imitation ne sont plus réduites. Pour s'adapter aux difficultés spécifiques liées à l'autisme, un élève ordinaire apprend beaucoup par lui-même en observant simplement ce qui se passe autour de lui.

Pour un élève autiste par contre, tout ce qu'il ne peut comprendre et acquérir tout seul, il a besoin qu'on le lui apprenne, et il est encore plus heureux de le faire par lui-même.

En tant qu'enseignant, je suis constamment confronté au défi de m'adapter aux besoins particuliers de mes élèves, qui peuvent parfois me sembler complexes à comprendre.

J'utilise le plus souvent les cartes, avec objets, photos, pictogrammes ou mots écrits selon les possibilités de mes élèves.

Les cartes est un outil pour comprendre son programme de la journée ou de la semaine, le déroulement de sa séance de cours, la tâche à accomplir, le jeu ou la sortie qui lui est proposée. Exprimer ses besoins, ses attentes, ses choix, ses questions.

Réduire puis supprimer les aides de communication

L'objectif est que l'élève puisse à tout moment utiliser le moyen efficace le plus facile, pour se faire comprendre. Et je supprime ou j'allège progressivement les aides à la communication dès que cela devient possible.

Les élèves autistes de ma classe, ont souvent besoin d'un temps de latence (le délai entre une action et le déclenchement d'une réaction, à savoir un retardement) pour comprendre ou se faire comprendre ; toujours attentif à respecter ce rythme.

Les difficultés d'adaptation et de généralisation si fréquentes dans l'autisme et la rigidité des processus cognitifs nécessitent des apprentissages très progressifs, afin d'éviter de mettre l'élève en échec, alors qu'il est déjà si constamment en grandes difficultés.

Ma priorité envers les élèves autistes de ma classe, était le développement de l'autonomie.

Les apprentissages sont très difficiles chez les élèves autistes, il est fondamental de voir loin, ce qui veut dire de commencer dès l'enfance à préparer une vie d'adulte aussi autonome et intégrée que possible.

Ces expériences me poussent à faire plus de recherches sur l'autisme, particulièrement par des formations proposées à l'échelle nationale.

Bien que certains parents puissent parler de "miracle", il est important de souligner que les progrès observés chez les enfants autistes sont le fruit d'un travail acharné et d'un accompagnement adapté. Ces résultats encourageants sont particulièrement visibles chez les parents qui ont acquis les connaissances et les outils nécessaires pour soutenir leur enfant de manière optimale.

Des formations existent pour les professionnels ; certaines sont même accessibles aux parents comme les formations européennes sur l'autisme qui incluent une approche éducative.

Mais plus largement aux étudiants présentant un trouble du Neurodéveloppement, en gardant en tête que comme dans tout projet, il faut du temps pour construire les outils et les déployer.

Mais au-delà, de la vocation de faire des propositions pour que l'université soit de plus en plus accessible. La philosophie ne consiste pas seulement, à construire des outils réservés aux personnes autistes, mais bien à partir de la compréhension fine, de leurs problématiques, pour proposer des évolutions du fonctionnement universitaire, qui bénéficie aussi aux autres étudiants.

Avec ces recherches j'ai développé mes connaissances par rapport au spectre de l'autisme.

XI. Comment se développe le langage chez un enfant avec TSA ?

Les spécificités

Tout individu, peut ne pas savoir parler, peut avoir le langage oral, mais ne sait pas s'en servir pour communiquer avec les autres, peut savoir parler et communiquer, mais pas toujours d'une manière appropriée.

Un des troubles du langage assez fréquent chez les enfants autistes est l'écholalie. (L'écholalie est un trouble du langage qui se manifeste par la répétition du dernier mot, de la dernière syllabe ou même de la dernière phrase entendue. Bien que sans caractère grave, cette maladie peut profondément impacter l'état psychologique du patient, et plus particulièrement ses relations avec autrui). Répétition automatique des paroles (ou chutes de phrases) de l'interlocuteur.

Qu'est-ce que le langage ?

Le langage est l'outil indispensable pour communiquer correctement notre pensée et de comprendre la pensée des autres.

Pour l'améliorer, le développer, il est utile de passer par différentes étapes et tous les enfants n'arrivent pas à atteindre à la même cadence, au même temps.

On peut constater, le bavardage, babillage, caquetage, gazouillis. A partir de quand doit-on s'inquiéter ? Passé 7 mois, si votre enfant ne gazouille pas, et donc n'émet pas ces tout premiers sons qu'un bébé prononce, il est peut-être simplement en retard, mais il peut aussi présenter un trouble du langage qui nécessite une aide spécifique.

A cinq six mois du bébé, le développement langagier débute. Instinctivement, le bébé s'amuse à répéter et à transformer les syllabes, il s'entraîne à les prononcer.

Il apprend spontanément à former ses premiers mots. Si rien n'apparaît, il convient de consulter un professionnel de santé au plus vite.

Une catégorie d'enfants avec autisme ne manifeste aucun signe de babillement, une autre catégorie le fait d'une manière particulière, singulière.

Un bavardage atypique (Qui ne répond pas au type de bavardage habituel, que l'on peut difficilement classer). Syllabes qui ne comportent pas de consonnes et de voyelles. Soit les premiers mots apparaissent en retard, soit ils n'apparaissent pas, ces deux cas, sont très fréquents chez les enfants avec autisme.

Généralement c'est vers 18 mois qu'on doit s'inquiéter de l'absence du langage, si après des stimulations répétées, les premiers mots n'apparaissent toujours pas, les difficultés langagières sont considérées comme sévères.

L 'autisme peut être identifier très tôt grâce à de nombreux signes précurseurs: absence de babillage, manque de réaction à 12 mois, manque de réponse au sourire, pauvreté de la communication non verbale, peu de regard, voire pas, dirigé vers les autres...

L'enfant qui présente des signes de l'autisme est incapable de partager avec une autre personne une cible d'attention.

Bébé, il ne suit pas des yeux ce qu'on lui montre, et à l'inverse, ne cherche pas à attirer l'attention de l'autre en pointant avec son doigt ce qui l'intéresse, absence d'imitation faciale, de grimaces, d'imitation vocale.

Déjà à 18 mois, on remarque une absence de mots, et une absence de phrases à 24 mois. Le contact avec les autres enfants est limité, voire inexistant.

D'autres manifestations de l'autisme peuvent être constatées comme : une détresse en réaction à des changements mineurs, comportements répétitifs, attachement à des rituels, alignement d'objets, colères spontanées et inexpliquées, comportements d'opposition.

Un babillage absent, en retard ou atypique indique un fonctionnement langagier anormal. C'est un signe précurseur fréquent en cas d'autisme. La majorité des formes de TSA (trouble du spectre de l'autisme) sont caractérisées par un retard de langage. Ce retard n'est pas toujours remarqué chez les personnes avec autisme de haut niveau. Dans d'autres cas, le langage n'apparaît pas du tout. L'absence de premiers mots indique alors souvent la présence d'un autisme non verbal. Il faut prendre votre place, rien ne vous empêche à le faire : je n'arriverai pas, ce n'est pas pour moi, ce n'est pas possible, on ne me laissera pas faire, ce sont des comportements à éviter, ne jamais se sentir rejeté, humilié, abandonné, trahi etc... pour faire abouti.

XII.   Stimuler l'intelligence, la curiosité et le raisonnement

Avec ou sans autisme, il est essentiel de stimuler (*Rendre un sentiment, une faculté, une activité, plus vifs : Les difficultés stimulent l'imagination. La lumière stimule la croissance des plantes. Encourager quelqu'un à agir, à poursuivre son action, son effort*) les facultés intellectuelles de l'enfant. L'élève a besoin que son intelligence soit nourrie.

Malheureusement, on s'arrête toujours au niveau intellectuel déterminé par des tests de quotient intellectuel ; or bien qu'il s'agisse d'une indication intéressante, le niveau intellectuel n'indique qu'une partie du potentiel de l'enfant !

Même si on fait naître de très bonnes capacités cognitives (*c'est-à-dire : aptitudes à la lecture, aptitudes à l'apprentissage, aptitudes à la reproduction, aptitudes à l'enseignement, aptitudes au commandement, etc...*).non stimulées, elles risquent de décliner

A l'inverse, un retard mental n'empêche pas de progresser et parfois bien au- delà des espérances.

En dehors des pathologies décelées dès la naissance ou à la petite enfance, l'un des principaux signes qui peut conduire à consulter un praticien pour un dépistage est un retard de développement remarqué par les parents ou encore le personnel éducatif.

Le médecin recherche des problèmes pouvant l'expliquer à l'aide de tests auditifs ou visuels. Ensuite, des examens psychométriques sont conduits pour vérifier si l'enfant a bien une déficience intellectuelle, et non un trouble spécifique de l'apprentissage (*dyslexie, dyspraxie*).

Une fois ces examens achevés, des tests pour évaluer le Quotient Intellectuel (QI) sont conduits ; ils permettent de distinguer les différents degrés de

déficit intellectuel. L'Organisation Mondiale de la Santé les classe de la manière suivante :

- Déficit intellectuel léger : il correspond à un score de QI situé entre **50** et **69,**
- Déficit intellectuel moyen : le score de QI est compris entre **35** et **49,**
- Déficit intellectuel grave : le QI est situé entre **20** et **34,**
- Déficit intellectuel profond : le QI est alors inférieur à **20.**

Avec une bonne stimulation, un jeune avec autisme peut avoir envie d'apprendre et lorsque c'est le cas, sa curiosité intellectuelle doit être utilisée comme un moteur pour l'aider à progresser.

Centres d'intérêt pour un enfant avec autisme

Les centres d'intérêt que développent les enfants avec autisme sont très forts. Le dessin, la musique, l'histoire, les contes etc. Se servir de centres d'intérêt de l'enfant pour développer de nouvelles connaissances. C'est notre responsabilité d'alimenter la curiosité et l'envie d'apprendre. Le jeu est un support riche en apprentissages sociaux ou cognitifs.

Ces centres d'intérêt spécifiques des enfants avec autisme sont de véritables atouts pour leur développement. En les encourageant, en les valorisant et en les utilisant comme outils d'apprentissage et de socialisation, on favorise leur épanouissement et leur intégration harmonieuse dans la société.

Voilà ce qu'il va apprendre en jouant : - il apprend à interagir (dialoguer, coopérer, collaborer, échanger, s'entretenir, communiquer, agir, se mêler) avec d'autres joueurs, à communiquer avec eux, à attendre son tour de jeu ou de parole. Il apprend à se battre contre les autres ou s'entendre avec eux.

Savoir quel jeu passionne l'enfant autiste est notre devoir. Les jeux de société entrainent la lecture, les calculs, le comptage ainsi que la culture générale.

Les sorties, les expositions, les sports, les modes de vie, les différentes alimentations, les musées, les autres cultures, les autres paysages sont des occasions pour attirer l'attention de l'enfant, l'accompagner à se poser des questions et développer de nouveaux centres d'intérêt.

A la maison, les débats et les discussions sur ce qu'il a vécu à l'extérieur stimulent le raisonnement de l'enfant mais il faut les adapter à son niveau de compréhension et de raisonnement.

Par Les tests de raisonnement inductif qui sont conçus pour évaluer votre intelligence et votre créativité ainsi que votre capacité à les utiliser pour résoudre des problèmes.

Ils permettent de déterminer si vous êtes capable de travailler de manière flexible avec des informations inconnues pour trouver des solutions.

Les tests de raisonnement inductif, c'est-à-dire, on procède par induction, argument, jugement, procédé, raisonnement inductif ; voie inductive ; aussi appelé raisonnement abstrait, évaluent non seulement la capacité à identifier les tendances, mais aussi la rapidité avec laquelle, les identifier.

La précision et la rapidité sont des composants essentiels, de ce type de test. S'entraîner autant que possible pour développer ses capacités de raisonnement est bien entendu la meilleure manière de s'y préparer pour une personne normale déjà.

Demandez-lui son avis, considérez-le comme un enfant d'une grande intelligence mais particulière. Prenez du temps pour débattre avec lui des sujets qui le passionne.

À retenir :

Votre enfant a besoin que son intelligence, sa curiosité et son raisonnement soient alimentés.

Plus que les autres, il lui faut un environnement positif et bienveillant qui lui permette de réaliser les expériences nécessaires.

A la maison, utilisez ses forces et ce qui l'attire pour l'accompagner à réaliser des apprentissages. Toutes les tâches, les sorties qui peuvent stimuler son envie d'apprendre c'est votre devoir de les organiser.

Parlez vrai avec votre enfant, votre élève

Être toujours prêt à entendre ses besoins : de liberté ? De justice ? D'attention ? D'amour ? De repos ? De sens ?

Mettre fin aux expressions qui définissent le négatif, qui humilient :

Exemple : tu es paresseux. Tu es méchant. Tu n'arriveras à rien dans la vie. Tu es toujours le dernier, le nul.

Mettre fin aux comparaisons injustes et injustifiées :

Exemple : A ton âge, je ...Au moins ta sœur, elle ......

Mettre fin aux généralisations décourageantes :

Exemple : Tous les jeunes sont.... Surtout toi...C'est comme ça et puis c'est tout. Tu me fatigues aves tes questions, ton comportement. Ne fais pas de bruit, reste tranquille, tu aurais pu penser tout seul à faire ta toilette....

Toute colère est le signe d'un besoin non nourri. Votre élève ou enfant a peut-être des soucis à l'école ou à la maison. Faites-lui raconter sa journée.

Sa tristesse : un jouet perdu, une perte ...les chagrins de votre élève ou enfant peuvent être immenses. Prenez-les au sérieux. Ne les minimisez pas.

Son droit et sa joie : votre enfant peut dire non, exprimer ses préférences, dire ce qu'il veut pour lui.

Faites-en sorte qu'il ait le plus possible l'occasion de peser le pour et le contre et qu'il choisisse en conscience.

Vous pouvez réguler la forme et le fond de sa joie, il faut vous rappeler qu'à l'âge adulte il appréciera la beauté et la bonté de la vie.

XIII.   La démarche diagnostique pour un autiste

À ce jour, il n'existe aucun marqueur biologique spécifique permettant de diagnostiquer l'autisme à travers un simple examen médical comme une prise de sang, un scanner ou une radiographie.

Le diagnostic repose donc sur l'observation clinique du comportement et du développement de l'individu, par des professionnels qualifiés.

Son diagnostic se réalise uniquement d'une manière clinique, c'est-à-dire par l'observation directe ou indirecte.

Rapports parentaux, niveau scolaire de l'enfant. Cette observation est dirigée d'une manière très précise, elle est structurée grâce à l'utilisation de protocoles spécifiques, internationalement reconnus et validés.

Les étapes :

Les symptômes d'un autiste sont généralement visibles autour des 4-5 ans, les questions sur deux grands domaines s'imposent : les particularités comportementales, et la communication sociales (La manière dont interagit et

Communique l'enfant).

L'observation de l'enfant s'exerce en fonction de l'âge et de son développement intellectuel, de multiples contextes de jeu et d'interaction destinés à apprécier ses compétences de communication verbale et non verbale, de réciprocité sociale, de jeux tout en prêtant attention aux éventuelles particularités comportementales.

Cette démarche est régulièrement compétée par des évaluations de l'intelligence cognitive, du niveau de développement et par un bilan orthophonique, psychologique et psychomoteur.

Ce qui permet de situer le niveau de l'enfant dans ces domaines, déceler d'éventuels troubles associés et connaître avec précision les compétences acquises par l'enfant au moment du diagnostic pour une meilleure prise en charge.

La démarche

Il est important de consulter dès les premiers signes d'alerte afin de démarrer le suivi de l'enfant.

Le diagnostic s'accompagne de bilans complets (psychomoteur, orthophonique, psychologique.), ce qui permet d'adapter les suivis mis en place.

Vos paroles doivent ouvrir des fenêtres pour un diagnostic performant. Tu vas y arriver, tu choisis de le faire, je compte sur toi...etc...

La manière dont nous communiquons, que ce soit avec les autres ou avec nous-mêmes, a un impact considérable sur notre perception de la réalité et sur nos relations.

Un langage empreint de brutalité, de jugements sévères et d'interprétations biaisées peut créer un environnement propice à l'incompréhension et aux malentendus. Dans le contexte d'un diagnostic, cela peut conduire à des conclusions erronées et à des solutions inadaptées.

Il est donc essentiel d'adopter un langage plus ouvert, plus empathique et plus objectif.

En choisissant des mots qui reflètent la bienveillance, la compréhension et la nuance, nous favorisons la mise en place d'une relation de qualité, basée sur la confiance et le respect mutuel. Cela permet d'établir un dialogue constructif, où chacun se sent écouté et compris.

En outre, un langage plus neutre et plus précis permet d'éviter les interprétations hâtives et les généralisations abusives. Il encourage une observation attentive des faits et une analyse rigoureuse des situations, ce qui contribue à l'établissement d'un diagnostic plus juste et plus pertinent.

En somme, en modifiant notre langage, nous pouvons transformer notre façon de percevoir le monde et les autres, et ainsi favoriser des relations plus harmonieuses et plus constructives.

Dans le domaine du diagnostic, cela se traduit par une meilleure compréhension des enjeux et par la mise en place de solutions véritablement adaptées aux besoins de chacun.

En collaboration avec les parents

Pour que mes élèves autistes acquièrent, et comprennent les phrases simples, j'utilise les images les pictogrammes et toute sorte d'objets, j'utilise le système de bons points comme récompenses, pour renforcer les comportements positifs.

A chaque nouveau mot l'élève bénéficie d'une récompense, les parents très mobilisés sont pour moi un véritable allié du développement du vocabulaire.

Les mots et expressions travaillés en classe sont systématiquement transmis aux parents pour qu'ils soient réutilisés sereinement avec leur enfant à la maison, je dis bien avec beaucoup de subtilité, car un enfant sous pression même normal, n'apprend jamais rien.

Les activités ludiques telles que les jeux et les sorties éducatives se sont révélées être des outils précieux pour enrichir le vocabulaire de mes élèves, et ce, en collaboration avec leurs parents.

La logique est mon point fort

Mes élèves autistes réfléchissent de manière rationnelle et concrète. Ils progressent beaucoup mieux lorsque je fais appel à leur raisonnement.

J'ai remarqué avec la stimulation à la maison mes élèves évoluent beaucoup mieux, la coordination avec les parents a apporté ses fruits. Nous déterminons ensemble ce qu'il faut améliorer en priorité.

Mes élèves autistes, en travaillant sur les différentes composantes de leurs langages voire les notions de la langue française développent un langage verbal de qualité.

XIV.   Stimuler la communication

En bibliothèque et à la cour de récréation, je mobilise toute mon énergie pour donner envie à mes élèves autistes d'interagir avec les autres, c'est la seule alternative pour pouvoir améliorer la communication avec les autres.

Ils ont appris à utiliser et comprendre le langage non verbal, ils modulent mieux leurs voix et s'expriment avec beaucoup plus de précision et de cohérence. Il faut seulement beaucoup de patience et de détermination.

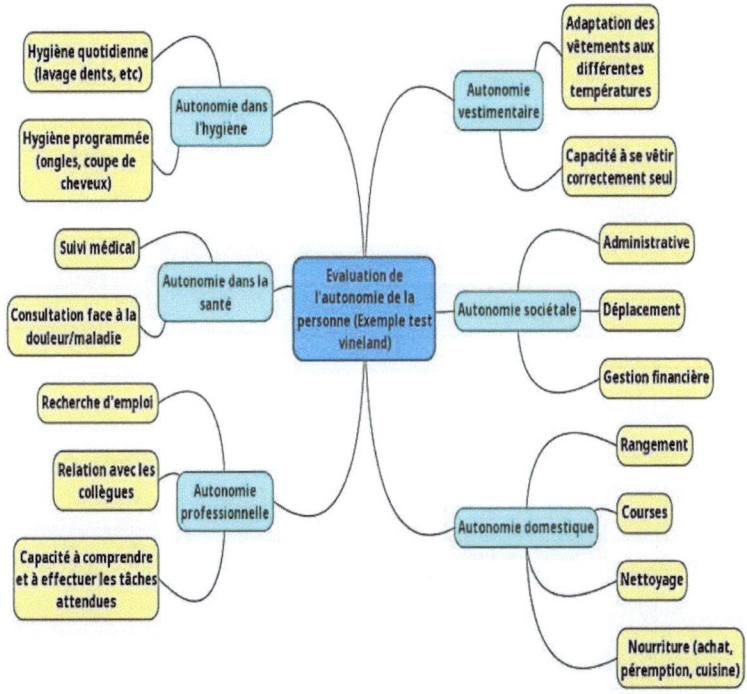

L'imitation

Imitation comme pont relationnel : j'ai su reconnaître l'imitation comme un moyen de communication et d'interaction pour l'un de mes élèves. En retournant cette imitation, j'ai créé un lien de confiance et ouvert la voie à une relation positive.

L'utilisation d'objets en double pour encourager l'interaction avec les autres élèves est une excellente stratégie pour favoriser l'inclusion et l'apprentissage mutuel.

Objets en double

Voici quelques exemples d'objets en double que vous pourriez utiliser pour encourager l'interaction et l'apprentissage mutuel dans votre classe :

Objets simples et polyvalents :

- **Blocs de construction** : ils peuvent être utilisés pour construire ensemble, reproduire des modèles, ou créer des jeux d'imagination.
- **Pâte à modeler** : permet de sculpter des formes, de créer des histoires, ou de jouer à des jeux de devinettes.
- **Instruments de musique** : tambours, maracas, triangles... Ils favorisent l'expression corporelle et la création musicale collective.
- **Ballons** : peuvent être utilisés pour des jeux de lancer, de coopération, ou simplement pour s'amuser ensemble.
- **Livres illustrés** : la lecture partagée d'un livre peut susciter des discussions, des échanges et des activités créatives.

Objets liés aux centres d'intérêt des élèves :

- **Figurines d'animaux** : si les élèves sont passionnés par les animaux, ces figurines peuvent être utilisées pour des jeux de rôle, des histoires, ou des activités de tri et de classement.
- **Voitures miniatures** : pour les passionnés de véhicules, elles peuvent servir à créer des circuits, des courses, ou des scénarios imaginaires.
- **Matériel de dessin** : crayons, feutres, peinture... Pour exprimer sa créativité et partager ses réalisations.
- **Jeux de construction thématiques** : lego, Playmobil... Ils permettent de construire des univers et des histoires en lien avec les centres d'intérêt des élèves.

Objets favorisant la communication et l'interaction :

- **Puzzles** : ils encouragent la collaboration, la résolution de problèmes et la communication non verbale.
- **Jeux de société coopératifs** : ils mettent l'accent sur le travail d'équipe et la communication pour atteindre un objectif commun.
- **Cartes imagées** : elles peuvent être utilisées pour communiquer des besoins, des émotions, ou des idées, en particulier pour les élèves ayant des difficultés de langage.
- **Tablettes avec applications éducatives** : elles proposent des jeux et des activités interactives favorisant l'apprentissage et la communication.

Conseils pour l'utilisation des objets en double :

Présentez les objets de manière claire et attrayante, expliquez leur utilisation et encouragez les élèves à les explorer ;

- **Proposez des activités structurées** : guidez les élèves dans l'utilisation des objets, en proposant des jeux, des défis ou des projets.

- **Laissez de la place à la créativité et à l'initiative** : encouragez les élèves à inventer leurs propres jeux et à explorer les objets de manière libre.
- **Favorisez la communication et l'interaction** : encouragez les élèves à se parler, à s'entraider et à partager leurs idées.

- **Adaptez les objets aux besoins et aux intérêts de chaque élève** : observez leurs réactions et proposez des objets qui suscitent leur curiosité et leur engagement.

En utilisant des objets en double de manière créative et adaptée, vous pouvez créer un environnement d'apprentissage inclusif et stimulant où tous les élèves se sentent valorisés et encouragés à interagir et à apprendre ensemble.

Connaissez-vous ces faits sur l'autisme?

Soyez sensible
Evitez les surcharges sensorielles. C'est-à-dire les bruits, , les lumières vives et les stimuli visuels . Soyez attentifs toucher. Est-ce confortable de s'asseoir sur ce tapis ?

Soyez flexibles
Tout le monde est différent, et ce qui fonctionne pour une personne peut ne pas fonctionner pour une autre. Gardez une ouverture d'esprit et préparez vous à changer ce que vous faites.

Trouvez un endroit sûr
Lorsque les enfants autistes se sentent submergés ou anxieux ils ont besoin d'un endroit calme et loin du stresse, un endroit où ils se sentent en sécurité.

Utilisez des éléments visuels
La plupart des personnes autistes ont plus de facilité à comprendre le monde à travers des images et des indices visuels.

Soyez clair
Utilisez un langage simple et clair. N'utilisez pas d'exagération, de métaphores ou de sarcasme. Anticipez les changements dans la routine.

Flexibilité et adaptation

Face à un autre élève qui ne répondait pas à l'imitation directe, j'ai fait preuve de flexibilité en adaptant mon approche. En l'imitant moi-même, j'ai trouvé un moyen d'entrer dans son monde et de lui montrer que je suis attentif à lui. Cette approche personnalisée démontre mon engagement à comprendre et à répondre aux besoins uniques de chaque élève.

Ces expériences soulignent l'importance de :

- **l'observation attentive** : être à l'écoute des signaux non verbaux et des comportements des élèves autistes permet de mieux comprendre leurs besoins et leurs modes de communication.
- **la flexibilité** : chaque élève est unique, il est donc essentiel d'adapter ses stratégies d'enseignement et d'interaction en fonction de leurs particularités.
- **la patience et l'empathie** : construire une relation de confiance avec les élèves autistes demande du temps, de la patience et une véritable volonté de les comprendre.
- **la créativité** : trouver des moyens innovants d'entrer en contact et de communiquer avec les élèves autistes peut ouvrir de nouvelles possibilités d'apprentissage et d'interaction.

Mon approche témoigne d'un profond respect pour mes élèves et d'un engagement sincère à les aider à s'épanouir. Continue à observer, à écouter et à m'adapter, et je contribuerai sans aucun doute à créer un environnement d'apprentissage inclusif et enrichissant pour tous.

Voici quelques reformulations pour exprimer la même idée, en mettant l'accent sur le respect et la personne avant le diagnostic :

- Un des élèves de la classe qui communique de manière non verbale ;
- Un des élèves de la classe qui utilise d'autres moyens de communication que la parole ;
- Un des élèves de la classe qui s'exprime autrement qu'avec des mots.

Il est important d'utiliser un langage inclusif et respectueux, qui met l'accent sur les capacités et les préférences de chaque individu.

Exemple : un élève de la classe qui communique de manière non verbale.

Je fais participer, cet élève avec ses camarades à tous les jeux où la parole est indispensable, au fil des mois il commence à prononcer des mots, puis de courtes phrases, enfin notre élève apprend à communiquer. Plusieurs facteurs influencent l'évolution du langage et de la communication :

- Les prises en charge adaptées ; le degré de sévérité du TSA ; le type de difficultés et l'intelligence. Je me suis rendu compte qu'il est important de démarrer au plutôt les échanges avec les autres enfants en utilisant tous les objets et les jeux à la disposition.
- Le déblocage d'un enfant autiste non verbal donne aux parents et à l'environnement scolaire une meilleure prise en charge. Le point de départ de toute prise en charge améliorée et individualisée permet de juger de la cadence de l'évolution des troubles de l'enfant, et donc, d'ajuster les modalités de travail.

Dans cette perspective, il est essentiel d'accorder le temps nécessaire d'investissement à l'évaluation du langage et de la communication.

Spécificités

En collaboration avec un orthophoniste, cela permet d'identifier les lacunes, et les compétences de l'enfant avec autisme, il est intéressant de s'adapter aux spécificités des personnes verbales et non verbales.

Certains élèves autistes nécessitent des prises en charge individualisées et actualisées régulièrement ; elles surtout cibler l'autonomie et le développent des acquis. Être très vigilant aux méthodes qui déclenchent l'angoisse et la frustration auprès des élèves autistes.

Je recommande de se baser sur des activités ludiques pour travailler les facultés d'interaction, d'attention et d'échange, aucune méthode n'est meilleure que l'autre, leur efficacité dépend des personnes et peut varier pour une même personne au cours de son application et de son développement. Ce sont des boites à outils pour faire progresser l'élève voire le patient.

En collaboration avec un collègue orthophoniste dont l'objectif est d'accompagner les parents, stimuler les prérequis, développer la compréhension et l'expression.

L'élève au fil des mon d'accompagnement arrive à communiquer et comprendre son environnement pour une meilleure qualité de vie.

Méthode de communication

Je choisis une méthode de communication avec laquelle l'entourage familial se sent à l'aise j'utilise les images adaptées à chaque situation en fonction du niveau de la personne :

- Des pictogrammes, des photos ainsi que des objets réels,
- L'enfant apprend comment mieux communiquer, il faut pour cela des objets qu'il apprécie,
- L'enfant par la suite apprend à initier une conversation et à exprimer ce qu'il souhaite,
- L'enfant apprend à formuler ses premières phrases,
- L'enfant pris en charge en alternance avec d'autre collègues afin qu'il apprenne à communiquer avec n'importe quelle personne.

Au début de l'année je me fixe un objectif en s'appuyant sur le nombre de mots acquis, j'ajoute d'autres moyens que le langage. Le but est que l'élève apprenne à communiquer sans pour autant devoir maitriser le langage verbal. J'utilise les gestes et des images pour améliorer la compréhension et l'expression. C'est une méthode très efficace.

Mes élèves autistes ont un style d'apprentissage particulier, leurs capacités intellectuelles sont hétérogènes, ils progressent dans certains domaines, mais manifestent d'importantes lacunes dans d'autres ; une pensée visuelle, concrète et logique, un raisonnement très personnel, rigide qui manque de garder pour soi un sentiment, une réaction, et les contenir.

Une compréhension de l'environnement aspirée par les détails au détriment de la vue d'ensemble.

Les problèmes de planifications et d'organisation sont toujours d'actualité.

J'insiste toujours par des consignes claires et précises pour que ces élèves comprennent ce que j'attends d'eux. Je décompose chaque apprentissage en étapes. Je limite les sources de distraction pour une meilleure concentration. Je sais que cette catégorie d'élèves avec autisme présente de grandes difficultés de planification qu'elles soient quotidiennes ou exceptionnelles.

Le quotidien de l'élève doit être prévisible dans un but de désamorcer l'anxiété générée par manque d'anticipation. L'utilisation des pictogrammes, emploi du temps, avec des objets des images ou des photos.

Le sablier permet de quantifier le temps de manière visuelle. Il est très utile, je dirais indispensable pour les enfants qui présentent des difficultés de concentration.

Je mets à la disposition de deux élèves autistes deux sabliers et un troisième pour moi, je dessine un petit lapin avec l'équivalent d'un sablier d'une durée de cinq minutes, ils apprennent de suite à m'imiter et à faire la même chose avec leurs sabliers ils finissent le dessin en cinq minutes la durée de l'écoulement du sablier. J'utilise ce moyen à l'écrit et à la lecture.

Conjugaison: les temps		
Passé	Présent	Futur
parlait a parlé vient de parler	parle est en train de parler	va parler parlera

L'œil attentif

Observer attentivement les réactions comportementales des enfants autistes est essentiel pour moi. Je comprends qu'ils peuvent chercher à stimuler leurs différents sens à tout moment. Afin de mieux comprendre la fréquence et la nature de ces comportements, il serait utile de mettre en place une fiche de suivi détaillée. Cela me permettrait d'adapter mon approche et de mieux répondre à leurs besoins spécifiques.

J'ai appris avec des professionnels de santé que l'autisme est causé par le développement anormal du cerveau et des neurones.

On ne peut pas responsabiliser voire culpabiliser les parents, ce trouble, peut être léger, modéré ou sévère. Si le trouble est léger, le niveau d'autonomie de l'enfant est préservé, si le trouble est sévère, l'enfant est collant à ses parents, très peu autonome.

Ces particularités sont très fréquentes. Elles sont présentes dès la naissance et probablement tout au long de la vie.

Les parents sont toujours malmenés par rapport à leur enfant autiste qu'ils ne comprennent pas. Ils ne comprennent pas sa réaction, ses agissements et surtout pourquoi, il n'est pas comme les autres élèves ? ils sont anéantis, et ils ne savent pas quoi faire ?

XV.   Prise en charge des parents de l'enfant autiste

À qui s'adresse cet accompagnement ?

Un programme d'accompagnement parental destiné aux parents d'enfants qui souffrent du trouble du spectre de l'autisme, doit être mis en place.

L'enfant diagnostiqué autiste se développe et communique de façon différente. Il est indispensable de le comprendre pour interagir le mieux possible. Il est primordial que les parents d'enfants avec autisme apprennent comment agir et communiquer au mieux avec eux. Toutes les chances sont mises du côté de l'enfant.

Pour mettre l'accent sur l'âge : "Les formatrices vous expliquent comment pensent les personnes autistes, quel que soit leur âge."

Exemple de Lydia 10 ans

Lydia a huit ans. Elle va à l'école en CM1, elle commence à lire, a ecrire, à compter. Elle a des amis, elle aime sa maîtresse. C'est une petite fille comme les autres, sauf qu'elle est atteinte d'autisme.

Et rien de ce que je viens de décrire ne serait possible sans son professeur qui l'accompagne tous les jours à l'école. Grâce à lui et à la psychologue qui l'encadre, l'intégration scolaire est réalisable.

La maîtresse fait bien sûr partie de ce tiercé gagnant. Lydia est soutenue, aidée, épaulée aussi bien en classe, par ces deux professionnels, qu'à la maison.

Je crois pouvoir dire qu'elle est heureuse :

C'est une petite fille gaie, souriante… Je crois pouvoir dire que ma fille est heureuse. Heureuse de pouvoir apprendre, s'amuser avec d'autres enfants, heureuse de vivre une vie normale même si elle est différente.

Il ne s'agit nullement de croire qu'elle est comme les autres, mais elle doit vivre avec les autres.

Les mouvements répétitifs comment s'y prendre ?

Les enfants autistes, présentent plusieurs difficultés, particulièrement les mouvements répétitifs, ils sont fréquents et envahissants, dans toutes les circonstances et au quotidien. Ces gestes ont une raison d'être et ils font partie du fonctionnement neurologique de la personne autiste.

Il s'agit généralement de leur manière d'exprimer leurs émotions et leurs ressentis. Que ce soit la nervosité, la colère, la frustration, la joie, le bonheur, la tristesse, la honte, l'amour, la gêne. On peut remarquer des frottements réguliers sur le corps, qui ne sont pas principalement dérangeants durant leur enfance, mais ils sont moins acceptables à l'âge adulte.

Les personnes avec autisme ont la plupart du temps des intérêts limités. Cela peut prendre la forme notamment de stéréotypies motrices (comme tourner sur soi-même ou se balancer), de préoccupations répétitives, de routines dans le temps (faire les choses dans un certain ordre) ou dans l'espace (par exemple, toujours prendre le même chemin pour atteindre une destination donnée). Ces enfants éprouvent un besoin de répétition et sont résistants aux changements voire ils ne l'acceptent pas.

Certains d'entre eux passent trop de temps à ranger des objets dans un ordre déterminé.

Chaque changement peut être source d'angoisse et de confusion, ils n'ont pas la capacité d'anticiper, ils ont souvent leur propre manière de jouer. Leur jeu est non fonctionnel (Ils n'utilisent pas forcément un jeu ou un objet de manière habituelle.)

Tolérer les mouvements répétitifs (Stéréotypés) : les mouvements peuvent varier d'une personne à l'autre.

Voici des exemples de mouvements stéréotypés fréquents chez les autistes :

- Mouvements rotatifs de la personne ou d'objets,
- Étirements et claquements de doigts,
- Mouvements répétitifs des mains ou des jambes,
- Mimiques ou gestuelles répétitives,
- Fixations sur des objets,
- Fixations sur des activités précises.

Pendant un certain temps, on peut tolérer, en prenant le soin d'expliquer à l'enfant ce qu'il fait, pendant combien de temps il le fait, à quelle fréquence.

Par exemple : Lydia aligne ses petites poupées ou ses petites voitures, à chaque fois qu'elle veut quitter une salle de classe ou une chambre ou un lieu. Elle y passe environ vingt minutes, jusqu'à ce qu'elle soit satisfaite.

Mettre en place des limites qu'elle peut respecter

Lydia, peut aligner ses petites poupées ou ses petites voitures avant de quitter sa chambre, mais elle ne doit pas rester plus de vingt minutes à le faire, utilisez un sablier, ou un Time-Timer. Démontrez-lui votre soutien par des encouragements.

Progressivement, réduisez le temps : laissez- quinze minutes, puis cinq minutes si vous pensez que la durée est acceptable.

Quand nous rencontrons un enfant autiste, nous avons l'impression que la relation s'annonce difficile à établir.

Pourtant, nous allons nous rendre compte que les comportements restreints et répétitifs de cet enfant peuvent devenir une occasion pour établir une relation.

L'enfant n'a aucune initiative dans les échanges, il ne sait pas entamer une conversation. Presque, il ne parle pas, ne nous regarde pas, et semble indifférent quand nous lui proposons quelque chose ; il ne réagit pas non plus à l'appel de son prénom et nous avons parfois l'impression de le déranger.

Il se régule souvent lui-même hors relation, par des réflexes toniques qui deviennent alors très répétitifs et restreints.

Ces enfants peuvent aussi être très attachés aux choses qui, pour nous, ont peu de valeur : des ficelles, des morceaux de papier, etc.

Les personnes les plus douées peuvent développer une passion pour certains sujets, comme les voitures ou les horaires de trains.

Ces stéréotypies ou ces intérêts particuliers peuvent limiter leur contact avec le monde environnant.

Par contre, elles permettent de s'assurer une structure et de retrouver les choses que l'on connaît.

Où et comment je tolère un mouvement répétitif ?

Je tolère un comportement répétitif, dans un objectif de le réduire, dans un premier temps, et éventuellement le faire disparaitre.

Par exemple : j'autorise l'enfant à se stimuler visuellement en agitant ses doigts devant ses yeux dans sa chambre, dans le couloir d'école ou à la maison mais pas ailleurs.

J'autorise l'enfant à courir en battant ses mains dans la cour pendant la récréation ou dans le parc, en salle de sport, mais pas en classe (*Puisque c'est son mouvement répétitif, il le fait partout, et dans toutes les circonstances, l'objectif est de le réduire dans une première étape*).

Lorsqu'un enfant autiste, commence un mouvement stéréotypé, je lui propose un geste incompatible avec celui qu'il répète sans cesse.

Je lui glisse des petits objets dans ses poches et je lui demande de les toucher. En agissant ainsi, il ne pourra plus battre des mains. Lorsque l'enfant parvient à différer, réduire l'intensité ou la fréquence de ses gestes répétitifs, voire à utiliser un comportement alternatif, je le félicite, je lui offre un petit cadeau tout en lui expliquant pourquoi cet acte de bonté spontané, qui est une action visant à améliorer le comportement de l'enfant.

Je conseille fortement ce genre d'actes de bonté spontanés qui ont le pouvoir d'améliorer l'humeur et la santé mentale d'un enfant souffrant du spectre de l'autisme.

Je propose à l'enfant autiste un système de communication adapté, lui permettant de comprendre son environnement et d'exprimer ses volontés, ses douleurs, ses émotions. Je lui fournis un maximum de repères stables (comme les plannings, les espaces délimités etc.) dans une perspective d'éviter tout type d'incompréhension.

Puisque, il faut toujours se le rappeler, les changements étant source de tension, il est indispensable que je lui donne les moyens de les anticiper.

Je choisis toujours la méthode MAKATON

Elle consiste en un ensemble de « vocabulaire » composé de signes et de pictogrammes illustrant de façon visuelle les concepts qu'ils signifient, aidant ainsi à la compréhension tout en accompagnant les personnes vers la première étape du langage : la symbolisation.

Mais il y a aussi la méthode PECS intéressante : ses objectifs :il peut s'agir d'une boisson, d'un repas, de l'envie de jouer, etc.

Pour cela, elle échange des images avec un partenaire de communication et avec l'aide d'un incitateur physique. À force d'échange et de répétition, elle le fera petit à petit de manière indépendante.

Exemple : des images spécialement conçues pour la méthode PECS. Celles-ci doivent être complétées par d'autres images personnalisées et adaptées à chaque situation.

En fonction du quotidien de la personne avec TSA, on utilisera des photos de son quotidien, des photos plus générales, ou des pictogrammes. La méthode PECS (Picture Exchange Communication System) est une méthode de communication par échange d'images. Elle a été développée par Lori Frost et Andy Bondy à la fin des années 1980.

Le dessin de référence de la méthode PECS représente généralement un enfant tendant une image à un adulte. Cette image symbolise l'échange fondamental qui est au cœur de cette méthode : l'enfant utilise une image pour communiquer son besoin ou son désir à l'adulte, qui répond en conséquence.

Il est important de noter qu'il n'existe pas un seul dessin officiel de la méthode PECS, mais plutôt différentes représentations visuelles qui illustrent ce concept d'échange d'images pour la communication.

Il faut aussi un classeur pour fixer les images, le principe de cette méthode PECS fonctionne sur un système de récompense, puisqu'il s'agit d'échanger les images pour obtenir ce qui y est représenté (objets, activités, etc...).

Cette méthode PECS intéressante, se fait en plusieurs étapes :

Lors de la première phase l'enfant apprend comment et pourquoi communiquer. À ce titre, on lui présente des objets qu'il apprécie. Pour les obtenir, on l'incite à les demander en les échangeant contre l'image qui les représente.

Ces premiers échanges correspondent aux premiers rudiments d'une communication : l'enfant apprend à initier une conversation et à exprimer ce qu'il souhaite. Petit à petit, le partenaire de communication et les images sont volontairement éloignés de l'enfant. Celui-ci doit donc se déplacer pour aller chercher l'image dont il a besoin, puis se diriger vers l'adulte pour la lui donner.

Dès lors que ces deux premières étapes sont maîtrisées, on peut proposer d'avantage d'images à l'enfant avec autisme. Il devra apprendre à les analyser avec précision pour choisir celle qui convient le mieux à sa demande. Un nombre d'images plus élevé permet une communication plus précise.

L'étape suivante consiste à apprendre à formuler des premières phrases. Pour cela, on introduit des pictogrammes plus abstraits.

Représentant des locutions verbales : (exemple : je veux…) et on apprend à l'enfant à combiner les images en les fixant dans le bon ordre sur la bande VELCO (*exemple : je veux- poupée*).

Progressivement, on introduit de nouveaux pictogrammes représentant, d'autres verbes et éléments grammaticaux. On encourage alors l'enfant à exprimer ses besoins à l'aide de phrases et à répondre de la même façon aux questions posées par l'adulte.

Tout au long du travail, les partenaires de communication changent régulièrement, afin que l'enfant apprenne à communiquer avec n'importe quelle personne.

Le **MAKATON** : est une autre méthode de communication augmentée dont l'objectif est d'aider à développer la communication et le langage. Elle agit d'abord sur la compréhension et favorise ensuite l'expression.

Matériel :

La méthode MAKATON s'appuie sur un vocabulaire de base de 450 mots. Ceux-ci sont déclinés sous la forme de gestes et de pictogrammes et classés en 9 niveaux selon la catégorie qu'ils concernent : (par exemple : les besoins fondamentaux, les loisirs, etc.). Chaque catégorie regroupe des mots issus de différentes classes grammaticales : noms, déterminants, verbes, pronoms, etc.

Les pictogrammes sont dessinés de manière à représenter le plus clairement possible les concepts. À quelques exceptions près, les gestes utilisés trouvent leur origine dans la langue des signes française.

Principe général :

Le MAKATON fonctionne en combinant différents modes de communication : gestes, pictogrammes et langage oral sont utilisés de manière simultanée.

Procédé :

le MAKATON est flexible et progressif. L'enfant avec autisme commence par apprendre quelques mots de vocabulaire.

Au début, ceux-ci sont simples, peu nombreux (afin de ne pas saturer sa mémoire), choisis particulièrement pour couvrir des situations différentes et correspondre au contexte.

À cette étape de l'initiation, l'objectif est de lui permettre de communiquer ses besoins fondamentaux.

Progressivement, les mots appris se complexifient et deviennent plus nombreux. Dès que l'enfant en maîtrise une certaine quantité, il apprend à les combiner afin d'enrichir sa communication.

L'apprentissage du vocabulaire se fait de manière formelle, avec un professionnel formé au MAKATON. Celui-ci présente entre 1 et 5 nouveaux termes à la fois. Il énonce chaque mot à voix haute, en même temps qu'il le signe et montre un pictogramme correspondant.

Ce procédé stimule le canal auditif (entendre la parole), visuel (voir les pictogrammes et les gestes), et même Kinesthésique quand l'enfant reproduit les gestes lui-même ou pointe les pictogrammes. En plus de l'apprentissage en bonne et due forme, l'enfant TSA est encouragé à utiliser cette méthode de communication lors d'activités informelles, qu'il s'agisse des échanges à la maison ou lors de temps de jeux et de loisirs.

Les conditions d'une utilisation réussie :

À condition qu'ils soient enseignés par des professionnels ayant suivi une formation adéquate (*la plupart du temps des orthophonistes*), le PECS et le MAKATON se révèlent tous deux très efficaces.

Néanmoins, le PECS est plus intelligible par des personnes non sensibilisées (*une image est plus compréhensible qu'un geste*).

Pour une efficacité redoublée, l'entourage de l'enfant TSA doit lui-même se former à ces méthodes. Cela permet au jeune de discuter avec davantage de personnes différentes, dans des situations variées.

C'est à cette seule condition qu'il pourra entraîner ce qu'il a appris au cours des séances de consultation, développer de nouveaux apprentissages et continuer à améliorer sa communication existante.

En résumé, la communication augmentée vise à améliorer la communication en enrichissant avec d'autres moyens que le langage.

La communication alternative est utilisée quand le langage ne se développe pas. Elle permet d'apprendre à communiquer sans pour autant devoir maîtriser le langage verbal.

Efficaces, ces méthodes utilisent des gestes et des images pour améliorer la compréhension et l'expression.

Les gestes et les images constituent une aide précieuse en cas de TSA, car ils freinent le rythme de la parole et peuvent être analyser par la vue plutôt que par l'audition.

En francophonie, le PECS et le MAKATON sont les méthodes de communication alternative et augmentée les plus fréquemment choisies.

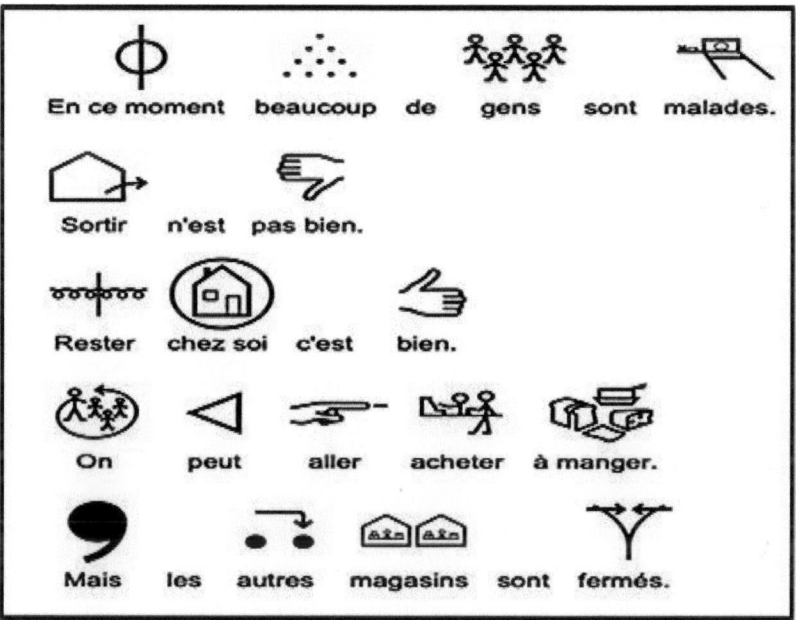

En ce moment beaucoup de gens sont malades. Sortir n'est pas bien. Rester chez soi c'est bien. On peut aller acheter à manger. Mais les autres magasins sont fermés.

XVI. La scolarité des élèves avec autisme

J'ai eu l'expérience avec mes trois élèves autistes en 2004/2005, deux parmi les trois élèves dans un groupe de quinze, présentent, un retard mental, le troisième présente un fonctionnement intellectuel normal ou supérieur à la normal.

Dans toutes les situations, leur fonctionnement intellectuel est déséquilibré, partagé entre certaines compétences très performantes et d'autres déficitaires.

L'élève avec des compétences intellectuelles supérieures progresse comme le reste d'élèves normaux de la classe, mais il présente de réelles fragilités émotionnelles. Le raisonnement visuel très supérieur à la moyenne des trois élèves avec TSA, ils raisonnent en image : leur pensée est picturale (Qui concerne la peinture en tant qu'art : Œuvre picturale).

Un motif très pictural, caractéristique de la peinture, est présent. Ces trois élèves possèdent un talent certain pour le dessin, l'interprétation de tableaux et d'organigrammes, la reconnaissance de motifs récurrents, et l'analyse d'illustrations.

Pour comprendre ce que je leur dis où retenir une information, ces trois élèves ont toujours besoin de supports visuels ; ils photographient l'information. Les consignes écrites, les pictogrammes, les images...sont tous des outils qu'ils mémorisent et interprètent avec beaucoup de facilité que le langage oral.

Ces trois élèves, pensent de manière concrète. Ils interprètent tout de façon littérale (*c'est le sens qu'elle a indépendamment de quelque contexte que ce soit et, en laissant de côté les changements diachroniques, la phrase conserve ce sens dans tout contexte où elle est énoncée*) ; ils se représentent ce qu'ils viennent d'entendre « au mot près ». Ce mode de pensée provoque une mauvaise compréhension de toute une partie du langage : les expressions, le sarcasme (*Ironie blessante, raillerie. Moquerie, raillerie*), l'humour et le second degré sont mal interprétés. Les concepts plus abstraits (*Qui est difficile à comprendre par manque de référence à la réalité concrète*).

Ce qui les diffère du reste de la classe, particulièrement, ces trois élèves avec TSA accordent tellement d'attention aux détails qu'ils n'arrivent plus à s'en dégager pour accéder à la compréhension globale du cours. C'est comme si la moindre situation, la moindre phrase, ou le moindre apprentissage était analysé à travers une loupe grossissante, au point d'en oublier le contexte qui existe autour.

Ce qui m'a interpellé aussi c'est que ces élèves traitent avec beaucoup de difficultés les informations entendues. Ils analysent les données verbales avec peine et, par conséquent, les mémorisent moins bien. Se souvenir d'un numéro de téléphone, se rappeler d'une consigne qui vient d'être donnée, garder en tête la règle demandée…toutes ces tâches sont compliquées pour eux. Normalement, les élèves avec TSA devraient bénéficier des apprentissages qui évitent les informations auditives au profit d'explications plus visuelles, des cours devraient être présentés oralement.

Leur raisonnement particulier et très logique

Le raisonnement de ces trois élèves avec TSA est particulièrement logique, ils manifestent d'excellentes compétences dans tous les domaines cartésiens (*Rigoureux, clairs, logiques, méthodiques, rationnels*) « les mathématiques et les sciences par exemple ». Car ils sont intelligents et comprennent rapidement ce qui est logique. Ils ont des difficultés avec l'ubuesque (absurde), l'irréel et le manque de sens. La communication de ces élèves avec TSA paraît arrogante, mal polie et complétement inadaptée.

Je ne suis pas toujours écouté par ces élèves comme je voudrais, l'angoisse et le stress, sont presque toujours la source de comportements stéréotypés, l'objectif dans un premier temps est que je réduise leur fréquence et leur durée.Je crée des plannings visuels, sous diverses formes, en fonction de leur niveau de compréhension peinture, les outils de jardinage pendant les moments de détente etc.

Les pictogrammes, les images ou les albums photos, je choisis tous les moyens qui les intéressent le plus possible, j'engage une relation apaisante, par l'écrit et la lecture. Les résultats sont souvent excellents.

Je prends la cuillère durant le moment du repas, le pinceau, pour l'activité. Cette manière de travailler avec les enfants autistes, donne d'excellents résultats et c'est pourquoi j'estime si important que ces méthodes soient poursuivies et toujours plus affinées.

Poser des questions comme les suivantes :

- Quels ont été les éléments qui ont contribué aux excellents résultats ?
- Quels ont été les éléments qui ont contribué à réduire le stress et l'angoisse de ces enfants TSA ?
- Quels ont été les éléments qui ont contribué pour que ces enfants se repèrent dans le temps ?
- Quels ont été les éléments qui ont contribué pour que ces enfants anticipent les changements des lieux ?
- Quels ont été les éléments qui ont contribué à mieux gérer les angoisses ?
- Quels ont été les éléments qui renforcent les comportements répétitifs ?

Réponse :

l'ennui et l'inaction par exemple : je lui propose une activité qui lui plait. Une activité nouvelle susceptibles de lui plaire et qui élargira ses intérêts, je trouve souvent dans mon sac un tour pour enclencher une meilleure approche, et une meilleure version.

Les gestes violents : comment faire ?

La première approche, je repère précisément le contexte déclencheur des comportements violents. J'utilise une fiche de suivi dans laquelle je note le type de comportement et le contexte : Où ? Avec qui ? Avec quoi ? Quand ? C'est avec cette méthode très importante que j'arrive à comprendre la cause de tels actes et j'agis en conséquence.

Derrière ces comportements, on retrouve souvent une hypersensibilité, une difficulté à s'adapter ou un besoin à communiquer différemment.

Outils de suivi de la scolarité des élèves :

Je conseille le tableau ci-après pour le suivi de l'enfant avec TSA :

Date et heure	Lieu	Comportement	Avec qui	Contexte	Réponse apportée	Réaction à la réponse	Observation
27/10/2024	Cour de récréation	S'est tapé la tête au mur.	Avec Karim et Lydia	Le ballon	Isolement dans une salle qui lui plait	Apaisement et relation constructive avec moi	Information aux parents.

Le suivi par les parents est indispensable, le suivi médical régulier et exhaustif afin de déceler d'éventuelles sources de douleurs afin d'apporter un traitement adéquat.

Je saisis la situation pour augmenter la communication, afin de développer et d'encourager la communication en ayant recours, en plus du langage, aux gestes aux objets, aux images et particulièrement à l'écrit pour qu'il me décrive ce qui s'est passé.

Je répète l'action plusieurs fois d'une manière gestuelle, visuelle. J'agis de cette façon pour augmenter les capacités de compréhension en même temps l'envie de communiquer.

Si je constate que le langage ne se développe pas malgré les moyens et la méthode utilisés, j'utilise une autre façon de communiquer sans pour autant devoir maitriser le langage verbal. C'est ce que j'appelle la communication alternative. Elle n'empêche pas l'apparition du langage verbal, elle lui permet d'émerger et d'être plus structuré.

La nécessité des gestes pour un élève avec TSA

J'utilise les gestes pour rendre le langage visible, le rythme s'allonge dans le temps, ce qui n'est pas le cas dans une conversation classique. Ce qui offre plus de temps pour comprendre et analyser l'information.

Je facilite la mémorisation par les gestes, puisque l'apprentissage verbal n'est pas mobilisé. Je complète et j'assure la compréhension par des pictogrammes et des photographies. L'élève choisit l'image qui correspond à ce qu'il veut dire, il s'exprime par la vision puisqu'il trouve des difficultés à le faire oralement.

Une fois l'acquisition est assurée, ce n'est plus à lui de choisir les pictogrammes et les ophiographies, c'est moi qui les lui propose, je lui accorde le temps nécessaire pour comprendre analyser et déchiffrer les messages qu'elles contiennent.

Je constate souvent que les supports imagés sont une aide constructive pour les trois élèves autistes, puisqu'ils communiquent normalement mais avec le canal visuel, souvent plus adapté et plus performant que les autres.

Comment favoriser l'apprentissage des élèves avec TSA ? :

Mes recherches approfondies sur l'autisme mettent en lumière des informations cruciales sur la diversité cognitive de ces enfants. Il est remarquable que 30% d'entre eux présentent un fonctionnement intellectuel dans la norme, voire supérieur, tandis que 70% sont confrontés à un retard mental. Cependant, le point essentiel réside dans le déséquilibre intellectuel commun à tous, avec des domaines d'excellence contrastant avec d'autres présentant des déficits.

Cette compréhension nuancée est fondamentale pour adapter l'accompagnement éducatif et favoriser leur épanouissement. Il est bénéfique d'exploiter les compétences intellectuelles supérieures lorsque

l'autisme s'en accompagne. Pour faire progresser les élèves souffrants, en leur permettant de faire de nouvelles acquisitions et à dépasser leurs difficultés plus rapidement voire, les réduire.

Ces élèves intelligents avec autisme sont très fragiles émotionnellement ; ils savent beaucoup de choses mais leur réel comportement est toujours source de mal-être et de moqueries.

Leur intelligence, n'est donc pas synonyme de facilité.

J'ai appris aussi que parmi les élèves avec TSA, on trouve certains, environ 1/5ème présentent un raisonnement visuel supérieur à la moyenne.

Certains élèves autistes ont une pensée essentiellement visuelle, ils raisonnent en images.

Ils sont talentueux pour tout ce qui est dessin, tableaux de peinture et d'organigrammes, les régularités et les analyses d'illustrations.

Pour acquérir, voire retenir, une information ou comprendre un message ou ce qu'on leur dit ; ces élèves ont toujours besoin d'un support visuel. Ils photographient l'information, les consignes écrites, les pictogrammes et les images. Ce sont tous des outils, qu'ils mémorisent facilement et interprètent que langage oral. Les difficultés que je rencontre avec ces élèves autistes lors des apprentissages

Comme leurs cerveaux ne stockent pas bien les informations en attendant leur traitement, ils rencontrent beaucoup de difficultés à apprendre. Ces difficultés se renforcent quand les informations à retenir sont complexes ou présentées à l'oral. Il est recommandé de simplifier au maximum les informations et les savoirs.

1- Ce qui est complexe à gérer :

Le véritable frein, ce sont les difficultés d'attention-concentration, ils peinent à soutenir leur attention dans une longue période, à être attentifs à plusieurs choses à la fois, repérer les informations importantes dans ce qui est dit ou écrit. Ils font preuve d'une grande concentration voire excessive, lorsqu'il s'agit d'un de leurs centres d'intérêt.

2- Ma relation avec les parents des élèves avec TSA :

Ces enfants manquent de mots dans certains domaines, pour acquérir le vocabulaire de base, je mets en place une répartition mensuelle qui comprends des phrases simples que je partage avec les parents pour acquérir un stock de vocabulaire de base à la maison et en classe.

Mes relations avec les parents, leur contribution favorisent clairement la stimulation (encouragement, exhortation, incitation, invitation.) des enfants.

Je diversifie les mots appris, une fois ces élèves avec TSA possèdent un vocabulaire de base fonctionnel en l'enrichissant progressivement. Je leur montre de nouveaux livres, de nouveaux jouets, et j'organise des sorties dans des endroits ciblés, inconnus dans une perspective de susciter l'envie de s'exprimer à propos de ces nouveaux environnements.

C'est en m'appuyant sur ces nouvelles situations que je crée le besoin d'acquérir de nouveaux mots pour encourager la production de phrases.

Produire des phrases, pour un enfant avec TSA est souvent compliqué. L'utilisation des pictogrammes, est indispensable pour donner à l'enfant l'occasion de combiner plusieurs idées, de les organiser pour arriver à construire une phrase. Une fois sa phrase est construite, il la verbalise. Avec beaucoup de patiente, on arrive à lui apprendre la manière de construire

plusieurs phrases à partir de pictogrammes. Certains élèves avec T.S.A n'ont pas besoin de cette méthode, pour construire de petites phrases, mais mal construites, manquent de mots ou mal organisées. Notre devoir est de le faire progresser. On accepte ses petites phrases, on lui propose des mots en plus pour les enrichir. Par exemple, elle dit : « oh, ma poupée ! », on reformule. « Oh, regarde ma poupée ! Oh ! regarde ma belle poupée. Oh ! regarde ma belle poupée avec sa robe rouge et ses cheveux blonds. »

La première fois, il ne faut ajouter qu'un seul mot, progressivement en fonction de son investissement, son implication, on rajoute des mots au fur et à mesure. Des adjectifs, des déterminants, pour arriver à améliorer son vocabulaire et l'utilisation de la grammaire à l'oral.

L'objectif est qu'il arrive à construire des phrases grammaticalement correctes, de cette façon on assure une meilleure compréhension.

Si les temps de conjugaison sont mal utilisés ainsi que les pronoms et les déterminants cela conduirait certainement à des erreurs de compréhension.

> **Exemple** : « je n'ai pas bien joué au ballon » ne signifie pas la même chose que : « je ne joue pas bien au ballon ».

Dans la première phrase, cela ne veut pas dire qu'il ne sait pas jouer au ballon, mais il n'a pas bien joué seulement cette fois-ci. Dans la deuxième phrase cela, veut dire qu'il ne sait pas bien jouer au ballon.

Le développement d'un langage grammatical correct est très important. La contribution des parents à la maison est très utile voire indispensable.

Ma méthode

Il peut dire par exemple : « Le chat vouloir croquettes ! » Je le reprends en répétant : « le chat veut des croquettes !». Il dit encore :« Fenêtre ouvrir maintenant ! » Je le reprends en répétant : « Je veux ouvrir la fenêtre maintenant ! »

Si je constate que les difficultés sont plus nombreuses, je lui explique sereinement l'erreur qu'il vient de commettre, une à une et progressivement, pour éviter qu'il sombre dans le déni (Refus inconscient d'admettre une réalité insupportable.) et l'anxiété. J'utilise les supports visuels pour illustrer les règles grammaticales problématiques. Je réalise de nombreuses fiches. J'utilise les pictogrammes « garçon et fille » pour représenter le masculin et le féminin lors des accords d'adjectifs. Ces pictogrammes servent aussi le genre des pronoms ou des déterminants qu'il confond (il ou elle, le ou la, une ou un, etc.)Les règles travaillées en classe et à la maison peuvent également être entrainées à l'aide d'activités ludiques : (une activité liée au jeu, une activité dont le but principal est de s'amuser ; il s'agit d'une activité récréative, divertissante, amusante. Exemple : La chasse au trésor est une activité ludique.)

La ville de Toulouse haute Garonne département 31 propose un grand nombre d'activités ludiques ou sportives, que je recherche une animation sportive pour célébrer un anniversaire. Qu'il s'agisse d'activités au cœur de la Ville Rose ou d'activités à sensations fortes, je trouve de quoi faire le plein d'activités.

Je choisis celles qui correspondent aux compétences de mes élèves, ainsi tous les jeux qui exigent de poser ou de répondre à des questions impliquent généralement la production de phrases complexes et sont donc d'excellents outils pour réutiliser la grammaire dans d'autres contextes. Je choisis le jeu Hasbro : « Qui est-ce ? ».

Qui est excellent pour entrainer la formulation de phrases interrogatives, mais aussi la distinction entre le féminin et le masculin.

Un joueur choisit secrètement un des personnages. L'autre joueur doit deviner duquel il s'agit en posant des questions, auxquelles l'autre ne peut répondre que par « oui » ou « non », du type « a-t-il des cheveux ? ». Tous les personnages possibles sont dessinés dans le jeu.

L'objectif premier est de faciliter la compréhension je commence par reconsidérer ma façon de parler. Ma communication doit correspondre au niveau de compréhension des élèves La reformulation commence souvent par des phrases comme « si j'ai bien compris… ».

Les réponses seront différentes selon la qualité de la reformulation. La reformulation est bonne lorsque l'interlocuteur acquiesce (accéder à, accepter, adhérer à, agréer, approuver), et dit « oui, c'est bien ce que j'ai voulu dire ».

Dans une situation où le message ne passe pas, les élèves ne comprennent toujours pas ce que je leur dis, je passe par la méthode de communication alternative ou augmentée ce qu'on appelle la **CAA**. Ce qui n'empêchera pas non plus de continuer à lui parler oralement, je simplifie mes phrases, avec des énoncés courts et simples.

Lorsque je remarque que la compréhension des élèves reste intacte, je maintiens un discours habituel en portant une attention particulière à ma clarté.

J'évite d'utiliser des mots ou des structures de phrases trop complexes qui pourraient entraver leur compréhension.

Au fur et à mesure que leurs compétences linguistiques progressent, j'introduis progressivement des difficultés supplémentaires, en commençant par les phrases négatives, puis les phrases complexes.

Je m'assure que chaque nouvelle difficulté est bien assimilée avant d'en aborder une autre.

XVII.   Communication Alternative et Améliorée (C.A.A)

Qu'est-ce que la Communication Alternative et Améliorée (C.A.A)?

La CAA offre un ensemble d'outils et de stratégies pour compenser ou remplacer la communication orale d'une personne présentant des troubles de la parole, du langage, de la compréhension écrite et orale.

Le terme « alternative » signifie que les personnes qui ne disposent pas du tout du langage oral ont besoin de solutions alternatives à la parole, c'est-à-dire d'aides techniques qui la remplacent. Elles leur permettent de communiquer différemment.

Le terme « améliorée » signifie qu'une personne qui n'arrive pas suffisamment à se faire comprendre par les autres a besoin d'utiliser des solutions de communication qui complètent, améliorent la parole afin de rendre son message plus compréhensible.

La **CAA** a pour objectif de faciliter la participation sociale et l'inclusion dans tous les domaines de la vie des personnes qui ne parlent pas ou qui rencontrent des difficultés pour parler, s'exprimer, comprendre et se faire comprendre.

À qui s'adresse la C.A.A ?

Toute personne dont le handicap entraîne des troubles de la parole ou du langage :

- trouble du spectre de l'autisme,
- trouble du développement intellectuel,
- infirmité motrice cérébrale , paralysie cérébrale,
- lésions cérébrales,
- aphasie ou dysphasie maladie neurologique (sclérose latérale amyotrophique, sclérose en plaques, maladie de Parkinson…), etc…

Quels sont les outils proposés par la CAA ?

La communication alternative et améliorée propose différentes solutions pour s'exprimer, comprendre, et se faire comprendre.

Celles-ci s'appuient sur deux types d'outils :

- communication alternative,
- améliorée (C.A.A).

Types d'outils de C.A.A

Sans assistance physique ou matérielle pendant la séance d'apprentissage, il est recommandé de recourir :

- au langage corporel, gestuel et des signes,
- aux expressions faciales,
- au regard.

Avec assistance technique (basse, moyenne ou haute technologie) :

- Tableaux de symboles, cartes, classeurs de communication,
- Boutons enregistreurs, boîtiers parlants,
- Claviers, synthèse vocale,
- Applications de CAA pour appareils mobiles,
- Contacteurs (boutons marche-arrêt),
- Commandes oculaires.

Bénéfices de la C.A.A

1- Facilite l'accès aux apprentissages (lire, écrire, compter) permet de :

- S'exprimer,
- Apprendre,
- Interagir,
- Partager,
- Contribuer,

- Participer,
- Nouer des amitiés,
- Rompre l'isolement,
- S'ouvrir au monde,
- Comprendre son environnement.

2- Qui peut vous aider à choisir des outils de C.A.A ?

- Centres d'information et de conseil sur les aides techniques (**CICAT**),
- Centres des ressources nationaux sur la **C.A.A**,
- Équipes Locales d'Accompagnement sur les Aides Techniques (**EqLAAT**).

3- Stratégies pour améliorer la compréhension des élèves avec T.S.A :

- Éviter les expressions figuratives au début,
- Privilégier les phrases à interprétation littérale.

Exemple : dire "*j'ai très faim*" au lieu de "*je meurs de faim*"

Important
La CAA est essentielle pour les personnes ayant des troubles de la communication, y compris les élèves avec TSA.
Le choix de l'outil dépend des besoins et capacités de chaque individu.
Des professionnels peuvent vous guider dans ce choix.
Des stratégies spécifiques peuvent aider à améliorer la compréhension des élèves avec TSA.

Qui peut vous accompagner dans vos choix d'outils de C.A.A ?

Le choix de l'outil de communication alternative et améliorée dépend des capacités et des besoins de la personne qui va l'utiliser. Un certain nombre d'acteurs spécialisés sur tout le territoire peuvent vous accompagner dans vos choix comme : les **centres d'information et de conseil sur les aides techniques** , **les équipes locales d'accompagnement sur les aides techniques**.

10 bonnes raisons d'utiliser la CAA en cas de troubles complexes de communication : s'exprimer, apprendre, interagir, partager, contribuer, participer, nouer des amitiés, rompre son isolement, s'ouvrir au monde, comprendre son environnement.

Pour aider les élèves avec TSA qui peuvent avoir des difficultés de compréhension, j'utilise un langage simple et direct, en évitant les métaphores ou les expressions figuratives. Par exemple, au lieu de dire "je meurs de faim", je dirais simplement "j'ai très faim.

Au fur et à mesure qu'ils maîtrisent le langage, j'introduis progressivement les expressions au sein de mes phrases, en commençant par les plus utilisées. Mais pour chaque nouvelle expression, je prends tout mon temps pour l'expliquer exhaustivement. Exemples : « *Avoir la chair de poule, en avoir ras le bol, tenir à un fil, couper l'herbe sous le pied, vouloir le beurre et l'argent du beurre, après la pluie, le beau temps, se faire l'avocat du diable, être connu comme le loup blanc, avoir quelque chose sur le bout de la langue, mettre les pieds dans le plat, du cœur à l'ouvrage, avoir la grosse tête, avoir un cœur de pierre, l'argent ne fait pas le bonheur, tomber dans les pommes, un froid de canard, avoir une faim de loup etc… ».*

Une fois que la compréhension du sens figuré des expressions est acquise, je propose aux élèves d'enrichir leur vocabulaire avec de nouvelles expressions."

Je stimule les élèves dans toutes les situations, en classe, à la maison par l'intermédiaire des parents, en sortie, en séances de sport, au jardin etc. à utiliser les expressions apprises, en leur rappelant leur existence au moment adéquat.

Par exemple : s'il pleut fort dehors, je leur dis : « oh, regardez, il pleut fort dehors. Je pourrais même dire qu'il ...pleut des cordes ! »

Je travaille sur les différentes composantes du langage avec les élèves autistes pour développer en eux un langage verbal de qualité.

J'utilise, le vocabulaire, la construction de phrases, la grammaire, la compréhension du langage et des expressions pour arriver à un riche bagage linguistique.

XVIII. La communication en dents de scie

Les élèves TSA qui sont dans ma classe ont un comportement ennuyeux. Ils sont ouverts, participent aux cours et ont de l'appétence à ce qui se passe autour d'eux. D'autres moments, ils sont fermés sur eux-mêmes, ce qui les rend tristes

Certes, ces comportements sont moins fréquents mais ils renforcent les problèmes de communication, ils deviennent boqués, les langages : verbal et non verbal ne peuvent être améliorés. Il est donc urgent de faire naitre l'envie d'interagir avec autrui rapidement.

Les tentatives d'établir des contacts avec ces élèves doivent être permanentes, essayez d'utiliser voire d'attirer le regard en vous servant des objets qui sont leur centre d'intérêt. Les habituer à agir quand ils entendent leurs prénoms, afin que je puisse m'en servir par la suite, c'est-à-dire dans les moments de replis sur eux-mêmes, pour leur signifier que je souhaite communiquer avec eux.

Le jeu : Chez les grands comme chez les petits, le jeu est la méthode la plus efficace pour créer une situation de communication.

Particulièrement, les jeux qui se jouent à plusieurs où chacun d'eux s'implique systématiquement. Par exemple : faire rouler un ballon d'un élève à un autre, jouer à se faire coucou (il suffit de cacher votre visage, puis de le dévoiler en disant « Coucou ! » En plus de le faire rire, cette activité toute simple lui fait prendre conscience que vous êtes toujours là, même s'il ne vous voit plus.) Ces élèves avec TSA sont dans l'attente pour que la situation, le rythme, le son changent. Jouez avec eux à cache-cache, ils s'attendront à ce que vous les cherchiez. Si un parmi eux vous lance le ballon, il s'attendra à ce que vous le lui renvoyiez…

Gardez le ballon un moment, pour le stimuler à exprimer son souhait. Il pourrait ne pas réussir probablement à formuler son souhait. Aidez-le en le guidant par des questions auxquelles il pourra répondre, par le langage, les gestes ou les pictogrammes. Par exemple : je te lance le ballon ? Je le fais rouler ? Veux-tu que j'arrête ? Veux-tu que je continue ? Que veux-tu que je fasse ?

Spontanément, il apprendra à s'exprimer en créant tous les besoins nécessaires de communication. Faites-en sorte qu'il voie un de ses objets préférés, mais qu'il ne puisse pas l'atteindre. Son envie le poussera à vous le demander et l'obtenir. Il faut l'orienter à ce qu'il se serve du langage au lieu d'un geste du doigt par exemple. Et s'il arrive à le faire, félicitez-le !

Lorsque le quotidien, c'est-à-dire l'emploi du temps, les moyens de transport etc…ces élèves avec TSA ressentent un grand besoin de communiquer, d'échanger et de s'exprimer à leur manière. Pourquoi ? c'est parce que les habitudes sont tellement importantes pour eux qu'il suffit qu'elles soient modifiées légèrement pour les pousser à réagir.

Certainement, il est important de procéder en douceur, et faisant attention que ces modifications ne créeront pas un mal-être. On constatera que l'élève avec TSA se stabilisera, se clamera, s'apaisera, dès qu'il s'exprimera et- la situation redeviendra à la normale.

Ainsi en changeant certaines de leurs habitudes comme par exemple : le lieu de rangement de son cartable, lui changer de table, lui changer de place, ou de trajet pour aller à la maison, vous pousserez cet élève à réagir, par le biais de questions, de gestes, de phrases, de mots, de sons ou de gestes. La réaction créée est une réelle interaction, Action réciproque ; interdépendance. (L'action ou l'influence réciproque qui peut s'exercer entre deux ou plusieurs objets, corps, phénomènes ou systèmes physiques) il faut juste saisir l'opportunité pour l'améliorer.

Dans un autre groupe-classe, un élève autiste, non verbal (14 ans) retient toute mon attention, car la compréhension et l'utilisation du langage non verbal ne se développe pas spontanément ce qui perturbe au quotidien sa communication et ses relations sociales, ses compétences trop faibles ne lui permettent pas de s'améliorer. Mon objectif, donc, impérativement, (d'extrême urgence, impérieusement, instamment, obligatoirement, sans faute, sans manquer, de toute urgence, urgemment, d'urgence) est d'entraîner ses relations avec son environnement, au collège et à la maison, l'engagement des parents est indispensable.

Comment je réagis à cette situation qui n'est pas unique, malheureusement !

J'utilise le contact visuel et les hochements de tête pour montrer à l'élève que je suis attentif et que je comprends. J'essaie également de décoder ses gestes et expressions non verbales. De plus, j'encourage les parents à travailler sur la communication non verbale à la maison, afin de créer un environnement cohérent et favorable à son développement.

Malgré mes recherches exhaustives, pour améliorer la prise en charge de cet élève, j'avoue qu'il n'existe aucune méthode toute faite qu'on achèterait dans le commerce pour l'utiliser ensuite comme recette.

Chaque professeur stimule différemment les compétences non verbales de son élève ou de ses élèves. Par expérience, je conseille de partir des lacunes les plus handicapantes, d'utiliser les centres d'intérêt de l'élève avec TSA et de mettre toute son énergie pour concilier (ajuster, arranger, conformer, harmoniser.) les deux au mieux.

Par exemple l'élève a des problèmes pour relayer (succéder à, se succéder, alterner, faire tour à tour quelque chose.) les tours de parole. Il faut juste improviser des dialogues avec ses figurines préférées en faisant bien que chacune d'elles ait l'opportunité de s'exprimer. Naturellement, j'utilise de nombreux supports par exemple : les livres illustrés, des bandes dessinées

des pictogrammes ou tout autre support imagé. J'analyse avec cet élève, ce qui est dessiné en l'interrogeant à propos des mimiques, des gestes ou des postures prises par des personnages. Pourrait-il expliquer pourquoi cet homme lève le poing au ciel ? comprend-il pourquoi le petit lapin se repli sur soi dans un coin ?

Les jeux vidéo ou les films sont de bons outils. Pour avoir l'occasion de poser plusieurs questions : pourquoi le héros agit-il ainsi ? Comment se sent-il lorsqu'il réussit un acte de bravoure ? comment on distingue sa colère ? Comment voit-on que cette autre personne a peur ?

J'utilise aussi les jeux de rôle, qui sont un support parfait pour travailler l'expression du langage non verbal. J'imagine avec les élèves des personnes qui tentent d'exprimer toute une série d'émotion en fonction du personnage qu'ils incarnent (différent, dissemblable, distinct, divergent, figurer, personnifier, refléter, reproduire, symbolise).

En utilisant les jeux de rôles, j'apprends aux élèves autistes du groupe-classe à surmonter leurs difficultés (regarder dans les yeux, etc..). ils apprendront comment se mettre à la place de l'autre, comment agir à la place de l'autre, comment on se sent quand on est dans la peau de l'autre, etc. j'utilise le miroir pour ces jeux de rôles en les filmant, pour pouvoir les visionner dans une autre séance. L'investissement des élèves est toujours appréciable.

Je me déplace au parc avec seulement les enfants avec TSA pour attirer leur attention, sur les gens autour de nous. La position de leurs corps, leurs gestes, l'occupation de l'espace, le nombre de gens, la façon de s'habiller etc. Je stimule leur curiosité. Quels signaux non verbaux constatent-ils ?

Par exemple : un homme qui hoche la tête ? Pour expliquer à sa femme qu'il vient de l'écouter.

J'utilise un enregistreur pour que ces élèves puissent écouter leurs voix, dans un objectif de les améliorer, ils ne savent pas comment moduler leurs voix et comment modifier les caractéristiques. La voix est particulière, elle est monotone, trop aiguë, top grave, trop lente, trop rapide, trop basse ou trop haute…parce qu'une voix bien maîtrisée participe amplement à l'**intelligibilité** (abordable, accessible, assimilable, audible, clair, compréhensible, facile, limpide, lumineux, perceptible, simple.) Le rythme transmet des informations très importantes sur l'état de celui qui parle et le contenu de son message. Une voix hachée et hésitante est due à la peur, une voix chuchotée signifie qu'il s'agit d'un secret, ou pour ne pas, déranger l'environnement.

Je choisis une phrase, elle est prononcée à tour de rôle en changeant à chaque fois les aspects (apparences.) plus ou moins rapide, plus ou moins fort etc. Avec les bandes dessinées outil préféré des élèves avec TSA, ceux qui lisent, c'est-à-dire qui savent lire ils prennent beaucoup de plaisir à travailler leur intonation, je leur fais lire les phylactères (bulles) à haute voix, une assistance est recommandée pour adapter leurs voix en fonction des émotions ressenties par les personnages. Je consacre pour cela beaucoup de temps à la prononciation des phrases utilisées au quotidien et dans d'autres situations.

Objectif : qu'ils apprennent la façon dont les gens autour d'eux communiquent, dans des situations variées, je mets en place dans toutes les occasions, des jeux de société qui laissent une grande place au langage. Les explications peu structurées, sont un obstacle et se perdent facilement ce qui ne leur permettent pas de passer leurs messages comme ils le souhaiteraient. Je leur apprends à faire la différence entre les éléments importants et les moins importants.

Pendant les moments de libres échanges par le dialogue, par moment, je constate qu'un élève raconte une petite histoire, un petit événement et commence à se perdre dans les détails, je le ramène en douceur sur les éléments importants de sa conversation. Je saisis l'opportunité pour lui apprendre à distinguer les informations essentielles de celles qui sont moins importantes afin qu'il puisse s'exprimer en consacrant plus de temps aux premières.

Je les assiste pour construire un récit cohérent, qui comporte une nette progression dans ce qui est dit. Pour dire à un élève ce qu'il a fait pendant le weekend, c'est une question très large pouvant conduire à des difficultés d'organisation, je lui pose la question suivante : as-tu passé un bon weekend ?'(la réponse est oui ou non). Progressivement ce qu'il a fait le matin, ce qu'il a fait le soir avant de lui demander de résumer l'ensemble du weekend.

En procédant de cette manière vous l'inciterez à produire de plus en plus d'informations, plus organisées. S'il raconte quelque chose de confus, je l'arrête et je lui explique pourquoi je ne comprends pas ce qu'il développe.

Par exemple, il parle de la voiture de son père, spontanément, il parle d'une personne sans relation avec la situation. Je lui explique pourquoi je ne le comprends pas.

Je lui pose après plusieurs questions simples pour l'aider à restructurer son récit. Par exemple : qu'est-ce qui est passé, avant, pendant, ensuite ? Qu'est-ce que tu penses ? Pourquoi dis-tu cela ?

Enfin, je reprends avec lui, l'ensemble du message ou du récit, et je le reformule avec lui, verbalement puis en l'écrivant.

L'objectif est qu'il parvienne à reformuler différemment son récit en fonction de la situation dans laquelle il se retrouvera, face à une autre personne qui ne le comprend pas.

XIX.   j'organise la pensée des élevés avec T.S.A par la prise de notes

La prise de notes, est essentielle, je propose toujours de noter leurs pensées par écrit, avant de les communiquer oralement. Celui, ou celle qui n'y arrive pas, je l'aide à le faire.

Un cahier est conçu spécialement pour la prise de notes, un suivi particulier est conseillé.

XX.   Apprendre par cœur quelques phrases principales

Ils apprennent systématiquement et progressivement les phrases types, dont ils pourront se servir pour combler un manque d'idées, il est conseillé aussi de souvent expliquer que ce qui vient d'être dit n'est pas compréhensible, lorsque c'est le cas. Ne jamais laisser passer les propos qui ne sont impossibles ou très difficiles de comprendre, dont le sens reste obscur. Je conseille de demander souvent des éclaircissements sinon, il est indispensable d'initier une nouvelle conversation.

L'objectif principal, dans toutes les situations, c'est que les enfants avec TSA doivent apprendre à utiliser et à comprendre le langage non verbal, à mieux entraîner leurs voix, et s'exprimer avec plus de cohérence et de flexibilité. C'est un travail qui ne nécessite pas de matériel particulier, il se déroule à l'école et à la maison.

Par contre, il demande beaucoup d'énergie, du temps et de l'investissement, de la part des élèves et de l'encadrant. Leur permettre et leur donner envie d'interagir avec les autres.

Ce n'est que de cette manière qu'ils pourront améliorer leurs compétences communicationnelles. Le sentiment de n'avoir aucun moyen d'exprimer leurs émotions peut être dû à des craintes profondes d'êtres incompris ou rejetés. Il peut être utile de participer à des activités qui encouragent l'exploration de soi, comme tenir un journal, faire du sport en groupe ou faire de la musique, pour mieux se connecter avec vos émotions.

Utiliser l'imitation :

L'imitation signifie copier les mots, les expressions faciales ou les actions d'une autre personne, c'est une capacité très importante pour communiquer et pour apprendre. Je propose quelques techniques qui peuvent aider les élèves avec TSA.

A la maison ou à l'école, pour qu'un enfant imite l'adulte, il faut être dans son champ visuel, il faut se mettre à hauteur de sa tête, en vous accroupissant, pour lui permettre de bien voir ce que vous lui montrez, placez-vous tout près de lui pour lui permettre d'observer votre geste.

L'enfant intègre les règles sociales, développe sa créativité et apprend à communiquer. Piaget, dans sa théorie de l'imitation, situe le processus d'imitation dans le cadre du développement intellectuel de l'enfant.

Dans cette perspective, Piaget a refusé de considérer les théories de l'imitation qui en font un processus trop élémentaire ; l'imitation est replacée dans le devenir de l'intelligence de l'enfant.

Un élève en classe ou à la maison, pour imiter quelqu'un, il se sert des gestes qu'il connaît déjà : ce sont les différentes réactions qu'il est capable d'accomplir, de concrétiser, d'exécuter.

Je prends tout mon temps pour noter, enregistrer tous les mouvements qu'il suscite, qu'il produit, qu'il déclenche, détermine, engendre, entraîne, occasionne, provoque spontanément (D'une manière spontanée, sans être sollicité, ni contraint.), ceux qu'il aime bien provoquer et ceux qui lui sont désagréables, déplaisants.

Quand je veux qu'un élève avec TSA m'imite, je déclenche les gestes qu'il fait sans être contraint et qui lui sont agréables. Il faut beaucoup de patience, naturellement, je lui donne le temps nécessaire, avec une attitude agréable, après une synergologie (mieux comprendre l'élève afin de bâtir une relation de qualité) une série de gestes pour que l'élève puisse prendre la décision de m'imiter.

Je suis certain que les élèves avec autisme qui font partie du groupe-classe, c'est-à-dire avec les élèves normaux sont capables de remarquer qu'on les imite. Parfois, mais c'est très rare d'ailleurs, l'élève n'arrive pas à m'imiter, je me mets à l'imiter, en attirant son attention en me plaçant dans son champ visuel, je reproduis ses mouvements en les sonorisant, en les rendant, bruyants, résonnants, retentissants, vibrants.

J'ai toujours un repère que l'enfant est sur le point de réagir : une fois, cet élève dirige son regard vers moi, c'est une attestation, une indication, un indice, une marque, une preuve que la relation commence à s'installer à s'établir. Il sourit, et commence à faire les mêmes gestes qu'il a vus, il accède spontanément à toutes les activités proposées.

En collaboration avec les familles des élèves avec TSA, nous utilisons les objets en quatre : « Deux exemplaires à la maison et deux au collège » pour jouer, c'est ce qui favorise les comportements d'imitation, chez les élèves autistes que chez les élèves ordinaires.

Je dispose des objets en deux exemplaires dans une salle de classe (deux livres identiques, deux assiettes blanches, deux paires de lunettes noires, deux balles rouges, deux stylos rouges, etc....). J'accorde pour cet élève le temps nécessaire pour jouer spontanément avec ces objets.

S'il prend l'assiette blanche, je saisis l'autre assiette blanche et je reproduis les mêmes gestes avec cet élève, cette technique permet à l'élève de mieux détecter qu'il est imité et m'imite plus facilement. La même démarche se répétera à la maison en milieu familial.

Je conseille de favoriser l'imitation, en accompagnant vos gestes d'un son particulier, si votre élève ou votre enfant n'arrive pas à vous imiter, vous devez l'imiter pour déclencher voire amorcer la relation. Le fait de mettre en place une relation étroite voire, une collaboration avec la famille, ainsi que les objets en double au collège et à la maison constitue pour moi un support pédagogique irremplaçable.

Les élèves avec TSA fragiles et anxieux ont besoin de s'ouvrir sur leur environnement, mon but ce n'est pas d'imposer un modèle de sociabilité aux élèves, mais de leur offrir davantage d'autonomie dans leur vie quotidienne. Même s'ils n'espèrent pas avoir beaucoup d'amis, le principal est qu'ils sachent, dialoguer, coopérer, collaborer, échanger, s'entretenir, communiquer, agir, se mêler, interagir.

Nos relations sociales se sont des règles que nous avons apprises, systématiquement et de manière indirecte, voire implicite (ce qui n'est pas dit dans un énoncé en termes clairs et que l'interlocuteur doit comprendre par lui-même).

Les interactions sociales peuvent représenter un défi pour les enfants autistes. Pour les aider, je mets en place des emplois du temps sociaux adaptés à leur environnement. Ces emplois du temps leur apprennent concrètement à formuler des critiques, des demandes, à initier et maintenir des conversations avec différentes personnes. J'utilise divers supports visuels et écrits tels que des images et des pictogrammes pour faciliter leur compréhension et leur apprentissage :

- Expliquer, et déterminer clairement les objectifs !
- Exposer ou exprimer clairement les demandes !
- Affirmer ou montrer l'attention à l'autre !
- Demeurer ferme voire, persister si besoin !
- Terminer aimablement voire, poliment !

Ce travail nécessite, d'éplucher, analyser, étudier, examiner, inspecter, passer au crible, l'ensemble des demandes, pour demander quelque chose à quelqu'un :

Rapproche-toi physiquement de la personne !

Confirme, justifie, prouve, valide, vérifie que cette personne est bien disponible !

Enonce les raisons et les faits clairement, gentiment et poliment !

Enfin, réagis de manière adaptée, voire cohérente à la réponse qu'elle soit positive ou négative.

Je conseille toujours à la famille, d'informer l'entourage des élèves avec autisme afin d'expliquer les particularités mises en place pour un meilleur climat relationnel.

Si je constate qu'un élève avec autisme ne supporte pas le contact physique, j'informe la famille qui à son tour informe l'entourage, et surtout bien expliquer cette particularité à ses camarades au collège et dans ses contacts, afin de ne pas provoquer sans le vouloir un malaise, généralement il est recommandé d'informer les milieux de vie principaux dans lesquels évolue l'élève, cela est fondamental pour son intégration.

Dans le groupe-classe, afin d'améliorer le discours des élèves autistes particulièrement et ordinaires, les conduire vers une meilleure intégration, j'utilise souvent mon œil attentif pour valoriser les talents spécifiques en leur communiquant, décrivant, disant, exposant, exprimant, manifestant, montrant, expliquant et en précisant, qu'ils ont de nombreuses connaissances dans tel ou tel domaine. Je ne néglige jamais une activité positive.

Non seulement, je valorise chaque action positive, mais aussi je les aide à identifier les moments où ils peuvent valoriser leurs savoirs, en leur montrant comment adapter leur niveau de connaissances à celui de leurs destinataires, interlocuteurs.

Si je constate qu'un des élèves avec TSA commence à se perdre dans les détails, je limite son temps de parole. Je lui fais comprendre que ses centres d'intérêt ne sont pas nécessairement une thématique, un chapitre, un fond, une idée, une matière, un motif, un objet exclusif de communication et que ses interlocuteurs peuvent facilement s'ennuyer, se fatiguer, se décourager, se dégouter et se lasser.

Je saisis souvent cette opportunité, pour expliquer à toute la classe et donner des conseils sur la manière dont ils doivent se comporter lorsqu'ils interagissent avec une autre personne, et comment être attentifs, aux intérêts d'autrui pour mettre en place une réelle **réciprocité** (*égalité, corrélation, correspondance, mutualité, retour dans leurs échanges*)

De manière générale, je suis souvent à l'écoute des élèves, particulièrement les autistes, en évitant de **persévérer** (*insister, s'obstiner*) dans des discussions sans fin, et en évitant de toujours les questionner sur leurs centres ou sujets d'intérêt.

Je prends très au sérieux leurs comportements en classe et en dehors de la classe, dans une perspective, de les féliciter lorsqu'ils sont attentifs aux demandes de leurs proches, ou quand ils échangent avec une personne de sujets différents de leurs propres intérêts. Je mets toujours dans l'emploi du temps, particulièrement des enfants autistes un temps de parole et réflexion

dédié (*« réservé »*, *« consacré »*, *ou « destiné »*) aux sujets qui leur tiennent à cœur. Ces moments particuliers favorisent aussi la lecture, la recherche d'informations ou des images sur internet, et surtout discuter des sujets qui les passionnent.

Pour ne pas s'engluer dans les mêmes activités, et construire de nouvelles, je commence souvent par les activités autour de l'intérêt des élèves et j'introduis **progressivement** (par degrés, peu à peu, progressivement) d'autres thèmes. Par exemple, la passion de des élèves autistes, ce sont les avions, je l'accompagne à imaginer les différentes énergies utiles : où atterrissent et décollent les avions ? Le pilote ? les hôtesses ? La même chose pour celui qui est passionné par les trains : les énergies utiles pour faire avancer le train (conducteurs, contrôleurs, la gare etc...)

Toutes les règles sociales **implicites** (*l'implicite, inexprimé, informulé, tacite se réfère à ce qui est sous-entendu, tandis que l'explicite concerne ce qui est explicitement déclaré ou exprimé de manière évidente*) je réserve un temps pour les expliquer sous forme de « mode d'emploi ».

Je m'entretien à plusieurs reprises avec les parents des enfants autistes dans un objectif de sensibiliser leur entourage sur leurs **spécificités** (*altérités, leurs caractéristiques leurs particularismes*).

J'organise un système de tutorat avec un autre élève dans un objectif de faciliter les relations sociales.

Les élèves, autistes qui font partie du groupe-classe, je les assiste afin de valoriser leurs connaissances tout en leur apprenant comment adapter leurs récits face à d'autres personnes et comment exprimer de l'intérêt aux sujets qui passionnent les autres. Ce n'est que par cette méthode que j'arrive à améliorer la **réciprocité** (*égalité, corrélation, correspondance, retour*) Avec les élèves autistes et les élèves sans limitations fonctionnelles, j'**explicite** (*j'explique, je formule, précise*) en leur fournissant des **indices** (*annonces, critères, marques, présages, preuves, révélateurs, signaux, signes, symptômes*) explicites de mes états émotionnels : par exemple, quand je suis en colère, je leur explique clairement ; « je suis en colère parce que vous n'avez pas rangé vos affaires, vous entendez ! » Avec un ton de voix grave, j'ai les sourcils **froncés** (*je fais paraître sur mon visage de la mauvaise humeur, du mécontentement, de la désapprobation*) le **buste** (*la partie supérieure de mon corps comprenant la tête, le cou et la poitrine, penché en avant, en excluant les bras*)

Je fais très attention aux émotions des élèves autistes qui sont particulières, ils ont tendance à généraliser les règles : par exemple un élève autiste voit un autre élève ordinaire ou autiste en train de pleurer de rire, et comme je leur ai appris que les larmes sont un **indice** (*annonces, critères, marques, présages, preuves, révélateurs, signaux, signes, symptômes*) de tristesse, il raisonnera, il jugera qu'il faut le consoler.

Je veille toujours à détailler toutes les **nuances** (les finesses, différences, précisions, subtilités)

Je saisis souvent l'occasion, lorsqu'un des élèves autistes arrive à comprendre une situation plus que les autres, je lui demande : « Quels sont tes ressentis dans cette situation ? », c'est ma méthode pour l'aider à se mettre à la place de l'autre.

Mes observations par rapport aux changements d'humeur des élèves autistes :

L'*ironie* (*moquerie, manière de railler, de se moquer en ne donnant pas aux mots leur valeur réelle ou complète, ou en faisant entendre le contraire de ce que l'on dit*) les blesse beaucoup. Exemples : regardez-le ! Il s'est levé avant 10 heures du matin ! Le connaissant, ça ne relève plus de l'exploit, mais du miracle !

L'organisation des funérailles d'un membre de sa famille est une formidable partie de plaisir.

Pour bon nombre de propriétaires d'animaux de compagnie, les abandonner à l'approche des vacances reste la meilleure façon d'en profiter.

Pour pointer du doigt, que les affaires d'un ou tel élèves sont mal rangés et mal organisés, on dit : « Quelle merveilleuse organisation ! Quel merveilleux rangement ! » ou « tant pis, je demanderai à Lydia » d'un ton attristé pour montrer que je suis déçu).

Mon devoir est d'identifier puis de développer les émotions :

Je commence toujours par les émotions simples (colère, peur, tristesse, joie).

Chaque indice propre à chaque émotion (vocabulaire, expressions faciales, prosodie : « *Une bonne prosodie permet aux lecteurs de lire avec un phrasé, une intonation et une accentuation des mots appropriés. Cela est important car cela permet au lecteur de mieux comprendre ce qu'il lit et rend le texte plus naturel lorsqu'il est prononcé à voix haute.* »)

J'utilise des pictogrammes, des images pour montrer les positions de la bouche, des sourcils etc…

Progressivement, j'utilise les vidéo et les photographies. Par exemple, je travaille l'émotion « colère », tous les indices ci-dessous, je les travaille avec les élèves autistes et ordinaires.

Prosodie :

Hauteur : Aiguë / grave	Intensité : faible/forte	Tonalité : montante/descendante	Rythme : Lent / rapide
aigue	forte	montante	rapide
Buste :(penché en avant/ penché en arrière/ droit)	Pieds :(parallèles/décalés)	Orientation de la tête :(penchée en avant /penchée en arrière/droite	
penché en avant	parallèles	penchée en avant	

Supports variés

Je suis très explicite sur mes états émotionnels afin que les élèves comprennent beaucoup mieux les différentes émotions et puissent adapter correctement leurs comportements.

Grace aux supports variés, images, vidéos, ophiographies bandes-son etc., les élèves sont entrainés en effectuant une description exhaustive, minutieuse et détaillée de chaque élément émotionnel. Ils arrivent à beaucoup mieux exprimer leurs émotions.

Encourager la curiosité, l'intelligence et le raisonnement !

Mon objectif est de permettre à ces élèves de bien grandir dans un environnement positif (accueillant, aimable, clément, complaisant, compréhensif, conciliant, cordial, généreux, bienveillant) pour qu'ils puissent développer leur intelligence avec la conviction d'être capables de savoir agir et s'adapter à une situation donnée.

Cela implique de construire et mettre en œuvre des pratiques sociales, éducatives et professionnelles pertinentes. En un mot, ils doivent être compétents.

Encourager les compétences cognitives :

Avec plusieurs exemples, exercices, expériences et découvertes j'offre à ces élèves toutes les opportunités pour enrichir leur curiosité intellectuelle.

Pour encourager leurs compétences cognitives, je m'appuie systématiquement sur les centres d'intérêt marqués des élèves avec TSA, ce qui constitue une force dans ma pratique pédagogique.

En histoire, en dessin, l'espace, en musique, leurs domaines sont riches variés mais engendrent des comportements analogues, qui **se rapprochent** (*comparables, pareils, semblables, similaires*)

Je mobilise au quotidien beaucoup de travail et d'énergie à l'approfondissement de ce qui les **attache** (*enthousiasme, intéresse, les passionne*).

Pour qu'ils ne s'enferment pas uniquement dans leurs centres d'intérêt, qui constituent une **cause** (*fondement, foyer, germe, naissance, origine, provenance, racine, une source*) de motivation très importante que j'utilise pour leur faire acquérir de nouvelles connaissances.

L'essentiel pour moi était d'alimenter régulièrement la curiosité et l'envie d'apprendre des élèves avec TSA particulièrement et les élèves ordinaires en général.

Je mets à leurs dispositions, des livres, des magazines, des vidéos et organiser des rencontres avec d'autres élèves passionnés pour leur permettre d'échanger.

J'organise des exercices suivant les centres d'intérêt de chacun, dans un domaine où chaque élève **excelle** (*brille, se distingue, émerge, s'illustre, se signale, triomphe*) à sa manière, là où il se sentira chez lui et s'impliquera facilement.

Les centres d'intérêt des élèves sont également un excellent moyen de stimuler les interactions sociales. J'utilise les jeux, qui sont de véritables atouts pour les élèves autistes, car ils permettent de partager des moments agréables et de vivre des expériences positives et joyeux ensembles.

Le but est qu'ils interagissent avec les autres joueurs, à échanger avec eux et chacun doit apprendre à attendre son tour de jeu ou de parole.

Chacun d'eux apprend à se battre contre les autres ou à collaborer avec eux, mais surtout à se surpasser. Le niveau **récréatif** (*divertissant, amusant, ludique*) augmente intellectuellement et acquiert des connaissances.

1- Les jeux :

Ils apprennent à se concentrer, certains apprentissages sont possibles que par le jeu, et d'autres facilitent la lecture, les calculs, la culture générale. Si un élève autiste ou ordinaire est attiré par un jeu quelconque plus que les autres, ce jeu l'aiderait réaliser de nombreux apprentissages sans même s'en rendre compte.

2- Changer d'environnement :

Quand on change d'environnement, on s'ouvre au monde extérieur, la curiosité intellectuelle de l'élève autiste ou ordinaire s'éveille.

Les sports, les expositions, les musées, la découverte d'autres cultures, les autres alimentations, les autres paysages, les modes de vie sont toutes des occasions qui attirent l'attention des élèves, de l'accompagner à se poser des questions et de découvrir puis de développer de nouveaux centres d'intérêt.

3- A la maison :

Je stimule souvent les parents, pour qu'à la maison ils organisent des discussions. Des échanges et des débats pour encourager le raisonnement et éviter qu'un enfant avec

TSA sombre dans l'ennui, à lui demander son avis sur des sujets de son niveau, lui apprendre à argumenter (argumentation, démonstration, preuve, raison, raisonnement.)

Toutes les activités qui l'obligent à réfléchir et remettre en question ce qu'il sait sont les bienvenues.

Lui permettre de développer ses capacités d'analyse et améliorer ses compétences en communication. Accepter le tour de rôle dans la discussion et d'autres activités améliore nettement son comportement.

4- Mes conseils :

Tous les enfants autistes ou ordinaires ont souvent besoin que leurs intelligences, leurs raisonnements, leurs curiosités, leurs communications soient alimentées.

Particulièrement pour les autistes il leur faut un environnement qui les protège, positif et bienveillant dans une perspective de stimuler et de développer leurs intelligences.

Ne jamais s'en priver d'utiliser les centres d'intérêt pour tous les enfants autistes ou ordinaires pour les accompagner à faire de nouvelles acquisitions, le temps du jeu, les échanges verbaux, les sorties stimulent souvent leurs envies d'apprendre.

On ne garde en mémoire que les apprentissages qu'on a compris :

Comme l'élève ordinaire, l'élève avec TSA est capable d'apprendre et de progresser, mais certaines spécificités sont à respecter par l'enseignant et par les parents.

La précision est le seul point fort pour favoriser les progrès des élèves autistes, d'ailleurs même avec les élèves ordinaires, si on n'est pas précis, on risque de ne pas faire un bon travail. Je commence souvent par identifier, les compétences et les lacunes, les points forts et les points faibles. Pour faire ce travail, une période d'observation est nécessaire.

1- La fiche de suivi :

La fiche de suivi où tout est noté, les réactions, les émotions, les points forts et les points faibles est systématiquement mise en place pour un accompagnement de qualité. Comment mettre en place une évaluation pour savoir si les objectifs sont atteints sont tous des éléments à mettre en place au commencement de la prise en charge.

2- Exemple de fiches de suivi :

Je donne un exemple de mes fiches de suivi. Ces deux fiches, volontairement restreintes, ont pour but la transmission des éléments principaux déjà utilisés et repérés pour rendre l'environnement accessible pour les élèves avec TSA et permettre ainsi la poursuite des apprentissages et de la socialisation avec un minimum de rupture, en favorisant des éléments d'appui familiers.

Tous les aménagements ne sont pas à mettre en place simultanément. Ils sont à sélectionner en fonction des besoins de l'élève.

Si un aménagement n'est pas immédiatement efficace, il est utile de persévérer. L'élève peut avoir besoin du même support pendant une longue durée. Des périodes de régression tout comme une manifestation **fluctuante** (*changeante, flottante, fluide, instable, labile, mobile, variable, qui change souvent d'opinion, capricieux, hésitant, incertain, inconstant, indécis, indéterminé, irrésolu, velléitaire, versatile*). L'acquisition des compétences est possible. Vous pouvez adapter ces fiches en fonction des caractéristiques des élèves. Déficit de la communication et des interactions sociales, difficultés en ce qui concerne la communication verbale et non **verbale** (*gestes,* *intonations, expressions faciales…),* difficultés pour comprendre les codes qui régissent les relations sociales et pour entrer en relation avec les autres, caractère restreint et répétitif des comportements, intérêts et activités, une certaine rigidité et résistance aux changements, particularités sensorielles.

A l'aide du suivi régulier, je décide comment évaluer si les objectifs sont atteints et comment agir en cas d'échec. Conseils pour faire face à la frustration d'un élève avec TSA.

3- Je reste toujours calme :

Cette approche est efficace pour :

- éviter l'escalade : en restant calme, vous évitez d'alimenter la crise et de créer un environnement encore plus stressant pour l'élève ;
- créer un sentiment de sécurité : en lui parlant doucement et en le rassurant, vous lui offrez un espace de sécurité et de compréhension ;
- favoriser la régulation émotionnelle : votre attitude calme peut aider l'élève à se calmer et à mieux gérer ses émotions ;
- améliorer la communication : en validant ses émotions et en lui expliquant la situation, vous l'aidez à comprendre ce qui se passe et à développer ses compétences en communication.

Il est également important de :

- identifier les déclencheurs : essayez de comprendre ce qui a provoqué la crise afin de pouvoir anticiper et prévenir de futures situations similaires,
- mettre en place des stratégies d'apaisement : proposez à l'élève des outils ou des techniques pour l'aider à se calmer lorsqu'il se sent

frustré ou anxieux (ex : coin calme, objets sensoriels, respiration profonde),

- communiquer avec les parents : partagez vos observations avec les parents et travaillez ensemble pour mettre en place des stratégies cohérentes à la maison et à l'école.

En adaptant votre approche et en faisant preuve de patience et de compréhension, vous pouvez créer un environnement d'apprentissage positif et inclusif pour tous vos élèves, y compris ceux présentant des troubles du spectre autistique.

4- J'aide souvent mes élèves autistes a exprimer leurs besoins et leurs émotions :

En cas de frustration pendant le cours, je demande à l'élève frustré, anxieux ce dont il a besoin et ce qu'il ressent. S'il éprouve le besoin de s'isoler, de s'asseoir, de s'allonger ; je l'incite à se mettre dans un endroit prévu pour s'apaiser.

Il préfère également de se rendre directement à la maison plutôt que d'avoir à patienter à l'arrêt de bus. De temps en temps il a mal quelque part, être fatigué ou avoir la hantise de mal faire certaines choses.

Même s'il est difficile qu'il exprime ses besoins et ses émotions, j'essaye de détecter ce qui ne va pas. De cette façon, je l'aide à exprimer sa frustration d'une autre manière et non par la colère ou l'agressivité.

5- J'adapte ma communication :

Les élèves avec TSA qui font partie du groupe- classe, se sentent parfois perdus, frustrés, anxieux si je leur transmets trop d'informations à la fois.je m'adresse à eux le plus simplement possible.

Pour communiquer efficacement avec mes élèves autistes, j'adopte une approche patiente et multimodale (signifie utiliser plusieurs modes ou canaux de communication en même temps. Cela peut inclure la parole, les gestes, les images, l'écrit, etc.). Je m'assure de procéder par étapes claires, en ménageant des pauses régulières pour leur laisser le temps de traiter l'information à leur rythme.

J'utilise abondamment des supports visuels, tels que des images, des pictogrammes ou des schémas, pour renforcer la compréhension. Je suis également attentive à leur langage corporel et j'adapte ma communication en conséquence.

Enfin, je n'hésite pas à explorer diverses formes d'expression, allant du langage oral et écrit à la poésie, la musique ou le jeu, afin de favoriser l'interaction et l'apprentissage.

6- Je propose aux élèves avec autisme d'effectuer de simples taches :

Un élève autiste est frustré par une tâche qu'il n'arrive pas à exécuter lors du cours, je me concentre sur autre chose. Je lui propose de faire quelque chose qu'il arrive à faire et qu'il fait bien.

De cette façon il ne se sentira plus en échec. Je le félicite ensuite d'avoir accompli cette tâche pour détourner son attention de la situation frustrante précédente.

Les difficultés cognitives

Les défis cognitifs rencontrés par deux de mes élèves atteints du spectre de l'autisme entraînent des obstacles significatifs dans leur parcours scolaire.

Ces difficultés cognitives se manifestent de différentes manières, telles que des problèmes de traitement de l'information, des déficits de mémoire ou des difficultés à comprendre les concepts abstraits.

Par exemple, un des trois élèves autistes du groupe-classe a du mal à saisir les instructions complexes données en classe ou à retenir des informations importantes pour les tâches académiques.

Ces deux élèves autistes ont particulièrement besoin de temps supplémentaire pour assimiler de nouvelles informations d'une approche pédagogique différenciée pour répondre à leurs besoins d'apprentissage uniques.

En conséquence, ils se sentent frustrés ou découragés dans un environnement scolaire traditionnel où les attentes sont élevées et les méthodes d'enseignement peu adaptées à leurs besoins spécifiques.

Pour surmonter ces défis cognitifs, je fournis un soutien éducatif individualisé et des stratégies d'enseignement adaptées.

Cela inclut des techniques telles que la visualisation, la simplification des instructions, l'utilisation de supports visuels ou la répétition des concepts clés.

En travaillant en étroite collaboration avec les collègues enseignants d'autres matières et les parents, j'aide à créer un environnement d'apprentissage inclusif et favorable à la réussite de ces élèves autistes.

Je me suis rendu compte que les méthodes utilisées sont inadaptées :

Je suis conscient que les trois élèves de ma classe présentant des troubles du spectre de l'autisme ont des besoins éducatifs particuliers qui ne sont pas entièrement comblés dans le cadre scolaire classique

Certes, Ils apprennent, mais ils nécessitent des méthodes d'enseignement et un environnement adapté à leurs besoins uniques. Idéalement, ces enfants devraient être placés dans des écoles ou des centres spécialisés qui offrent des programmes éducatifs individualisés pour répondre à leurs besoins spécifiques.

Dans un environnement adapté, les enfants atteints d'autisme bénéficient de méthodes d'enseignement qui correspondent à leur style d'apprentissage.

Par exemple, ils peuvent apprendre plus efficacement par le biais d'activités sensorielles, de jeux structurés ou de programmes visuels.

Ces approches pédagogiques personnalisées sont essentielles pour permettre à ces élèves de développer pleinement leur potentiel scolaire et social.

Bien que je m'efforce d'adapter le programme scolaire pour favoriser la progression des trois élèves autistes et prévenir les frustrations et l'anxiété, il est évident que l'école, dans sa configuration actuelle, ne dispose pas de toutes les ressources nécessaires pour répondre pleinement à leurs besoins éducatifs spécifiques.

Je conseille souvent aux parents qu'il est important de rechercher des options éducatives qui offrent un soutien approprié à leur enfant, en travaillant en collaboration avec les éducateurs et les professionnels de la santé pour élaborer un plan éducatif individualisé.

J'ai appris de mes expériences passées que :

L'autisme entraîne une variété de troubles chez les enfants. En ce qui concerne leur scolarisation, ces élèves autistes se retrouvent souvent livrés à eux-mêmes en raison des difficultés qu'ils rencontrent à l'école. Professeur sans formation, institutions inadaptées etc...

Cependant, je conseille aux parents des moyens pour les aider à surmonter ces obstacles. Il est crucial de comprendre les défis auxquels sont confrontés ces élèves à l'école et d'adopter des stratégies adaptées pour les soutenir dans leur parcours scolaire.

L'autisme, un trouble du développement découvert par le psychiatre Léo Kanner en 1943, affecte une proportion significative de la population mondiale, soit environ 0,7%. Cependant, malgré cette prévalence, de nombreux enfants autistes se retrouvent confrontés à des difficultés majeures en matière de scolarisation.

Par exemple : certains enfants peuvent rencontrer des obstacles dans leur apprentissage en raison de leur trouble, ce qui rend difficile pour eux de suivre le programme scolaire standard.

Ces défis peuvent être exacerbés par des problèmes cognitifs qui entravent leur capacité à comprendre et à assimiler de nouvelles informations de manière efficace.

Les enfants autistes peuvent également être confrontés à des obstacles supplémentaires en raison du manque de ressources et de services adaptés à leurs besoins spécifiques.

Par exemple, un enfant autiste ayant des difficultés de communication peut avoir du mal à bénéficier d'un soutien adéquat en classe en raison du manque de personnel formé pour répondre à ses besoins particuliers.

De même, les enfants autistes qui ont besoin de programmes éducatifs individualisés peuvent se retrouver dans des établissements qui ne disposent pas des ressources nécessaires pour les soutenir efficacement.

De plus, l'accès à une éducation inclusive peut être limité pour de nombreux enfants autistes en raison de l'insuffisance des unités spécialisées ou des programmes d'inclusion scolaire.

Enfin, la sensibilisation et la compréhension de l'autisme dans le milieu scolaire peuvent également constituer un défi majeur. Par exemple, les enseignants et le personnel scolaire peuvent ne pas être suffisamment formés pour comprendre les besoins des enfants autistes et adapter leur approche pédagogique en conséquence. Cela peut entraîner des difficultés d'interaction en classe et un manque de soutien émotionnel et scolaire pour les enfants autistes.

L'accès à une éducation de qualité pour les enfants autistes reste donc un défi majeur à relever. Il est essentiel de reconnaître ces défis et de mettre en œuvre des mesures concrètes pour garantir que tous les enfants, quel que soit leur diagnostic, aient accès à une éducation inclusive et de qualité.

XXI. D'où vient l'autisme

Les origines de l'autisme sont complexes et multifactorielles. Bien que des facteurs génétiques soient souvent impliqués, les influences environnementales jouent également un rôle significatif dans le développement de ce trouble. Par exemple, des études ont souligné le lien entre les carences nutritionnelles, telles que le manque de fer, de vitamines B9 et D, pendant la grossesse et le risque accru d'autisme chez l'enfant à naître.

De même, l'exposition prénatale à certains médicaments, comme le paracétamol et les antibiotiques, a été associée à un risque accru d'autisme chez les enfants.

Par ailleurs, l'exposition aux produits toxiques et aux pesticides dans l'environnement peut également jouer un rôle dans le développement de l'autisme.

Ces substances, présentes dans de nombreux aspects de la vie quotidienne, peuvent avoir des effets néfastes sur le développement du cerveau et du système nerveux chez le fœtus et le jeune enfant, augmentant ainsi le risque d'autisme.

Il est important de noter que les recherches sur les facteurs de risque de l'autisme sont encore en cours, et que de nombreux aspects de cette condition restent à comprendre.

Cependant, une meilleure compréhension des influences génétiques et environnementales de l'autisme est essentielle pour développer des stratégies de prévention et d'intervention efficaces.

Les efforts de recherche continuent dans ce domaine pour mieux comprendre et traiter l'autisme.

L'élève avec T.S.A et ses difficultés pour apprendre

Un enfant atteint d'autisme est confronté à des problèmes d'adaptation en milieu scolaire. Les troubles du spectre autistique (TSA) affectent la capacité de l'enfant à bien apprendre en milieu scolaire.

L'école devient ainsi un endroit compliqué pour l'enfant atteint d'autisme, à condition que le cadre soit adapté à son handicap.

L'école est un lieu où l'on apprend de nouvelles connaissances et compétences. Apprendre à lire et exercer à l'écriture sont les tâches quotidiennes des enseignants. Or, un enfant qui exhibe des difficultés d'apprentissage aura du mal à suivre le rythme. De ce fait, il aura des difficultés à bien assimiler certaines notions.

Des méthodes d'études inadaptées

Il est crucial de reconnaître que les enfants atteints de troubles du spectre de l'autisme ont des besoins éducatifs spécifiques qui ne sont souvent pas pleinement satisfaits dans un environnement scolaire traditionnel. Ils peuvent certes apprendre, mais ils nécessitent des méthodes d'enseignement et un environnement adapté à leurs besoins uniques.

Indéniablement, ces enfants devraient être placés dans des écoles ou des centres spécialisés qui offrent des programmes éducatifs individualisés pour répondre à leurs besoins spécifiques.

Dans un environnement adapté, les enfants atteints d'autisme peuvent bénéficier de méthodes d'enseignement qui correspondent à leur style d'apprentissage :

Par exemple :ils peuvent apprendre plus efficacement par le biais d'activités sensorielles, de jeux structurés ou de programmes visuels.

Ces approches pédagogiques personnalisées sont essentielles pour permettre à ces enfants de développer pleinement leur potentiel académique et social.

Les difficultés cognitives

Les défis cognitifs rencontrés par les enfants par rapport spectre de l'autisme peuvent entraîner des obstacles significatifs dans leur parcours scolaire. Ces difficultés cognitives peuvent se manifester de différentes manières, telles que des problèmes de traitement de l'information, des déficits de mémoire ou des difficultés à comprendre les concepts abstraits :

Par exemple, un enfant autiste peut avoir du mal à saisir les instructions complexes données en classe ou à retenir des informations importantes pour les tâches académiques.

Ces difficultés cognitives peuvent également avoir un impact sur la capacité de l'enfant à s'adapter aux exigences du programme scolaire standard.

Les enfants autistes peuvent avoir besoin de temps supplémentaire pour assimiler de nouvelles informations ou avoir besoin d'une approche pédagogique différenciée pour répondre à leurs besoins d'apprentissage uniques.

En conséquence, ils peuvent se sentir frustrés ou découragés dans un environnement scolaire traditionnel où les attentes peuvent être élevées et les méthodes d'enseignement peu adaptées à leurs besoins spécifiques.

Pour surmonter ces défis cognitifs, il est essentiel de fournir un soutien éducatif individualisé et des stratégies d'enseignement adaptées.

Cela peut inclure des techniques telles que la visualisation, la simplification des instructions, l'utilisation de supports visuels ou la répétition des concepts clés.

En travaillant en étroite collaboration avec les enseignants et les spécialistes de l'éducation, les parents peuvent aider à créer un environnement d'apprentissage inclusif et favorable à la réussite scolaire de leur enfant autiste.

Exemple de ma fiche de suivi :

Les points forts	Les points faibles	Les intérêts	Vie quotidienne	Pour communiquer
Ils peuvent être utilisés pour renforcer l'estime de soi.	Il est important d'indiquer comment ces difficultés sont gérées, les outils et aménagements utiles, ce qui apaise en cas de comportement défi	Ils évoluent au cours du temps, il est utile de vérifier leur actualité régulièrement. Il est intéressant de s'appuyer sur les intérêts restreints pour entrer dans les apprentissages. Ils peuvent être utilisés pour le renforcement positif.	Degré d'autonomie dans les déplacements, dans le passage aux toilettes, dans l'habillage,...Capacité à demander de l'aide.	Il est important de transmettre les outils utilisés d'une année à l'autre.

Ma deuxième fiche de suivi :

Ce qui m'aide	Ceux qui m'aident	particularités	Appui familial
Structuration du temps : emploi du temps avec picto/timer/... Structuration de l'espace : chaise attitrée, bureau à l'écart, coin répit... Structuration des activités : décomposition en sous tâches, consignes induites par le support, guidances... Valorisation : économie de jetons, renforcement positif,...	Association, mise en place d'un cahier de liaison. Orthophoniste : nom/coordonnées. Psychomotricien : Ergothérapeute : Psychologue : CMP : SESSAD : Parents :	Il est important d'indiquer comment ces besoins sont pris en compte : répit	Comment se fait la liaison avec la famille ? Points forts à la maison. Points Faibles. Les émotions...

Les apprentissages qui sont trop complexes ou hors des compétences des élèves s'oublient principalement vite, c'est pourquoi je m'appuie sur les exercices d'entrainements, jusqu'à ce que l'assimilation est complète.

Pour que l'enseignement soit très efficace, je commence toujours de là où se situe l'enfant et j'augmente progressivement, pas à pas le niveau de difficulté des exercices et des activités proposés. Cette méthode est valable aussi pour les élèves ordinaires. De cette manière, je mets l'élève en confiance et l'accompagne à se dépasser en douceur. Je l'aide à acquérir de nouvelles connaissances en les reliant à celles déjà développées. Les apprentissages, je les situe dans un **cadre** (*contexte, climat, environnement, situation*) plus large pour que l'élève assimile convenablement leur utilité.

Concernant les élèves autistes ou ordinaire, je m'appuie toujours sur cette conviction : « *une connaissance n'est réellement utile que si l'on possède des compétences de l'utiliser, après l'avoir apprise, et ce, dans différents contextes* ».

Les nouvelles règles de grammaires, de conjugaison, d'orthographe et les mots du vocabulaire étudiés en classe seront complètement acquis seulement, une fois l'élève les comprendra. Il ne s'agit pas uniquement de transmettre un savoir, il faut surtout qu'il soit compris et validé par le destinataire.

Je fais en sorte, de passer en revue tous les contextes, dans lesquels les mots nouveaux ou les nouvelles règles voire les nouveaux apprentissages apparaissent.

Par exemple :
Je présente une leçon de vocabulaire sur les aliments j'explique exhaustivement, aux élèves que les noms qu'il vient d'apprendre lui seront utiles en grande surface, à l'épicerie, au marché, en cuisine, et au restaurant.

Pour que mes cours ne soient pas rigides et **monotones** (*qui est toujours sur le même ton, qui n'est pas varié dans ses intonations ou dans ses inflexions, fadeur, grisaille, impersonnalité, platitude, tristesse, uniformité*), je choisis souvent de les varier, par de nouveaux supports et de nouvelles méthodes d'apprentissage.

L'enfant avec TSA, ne comprend pas tous les contextes, et tous les mots comme un enfant ordinaire.

Par exemple :
Une pomme, doit rester une pomme, qu'elle soit verte, rouge ou jaune petite ou grosse, reproduite en photo, en image, visible, au marché ou accrochée à un pommier, ou en réel.

L'abstraction est un outil qui m'a toujours permis d'atteindre la capacité du cerveau à adapter la conduite et la pensée à des situations nouvelles, changeantes ou inattendues voire la flexibilité mentale nécessaire pour mieux s'exprimer ou adapter son récit.

Très rigoureux, clair, logique, méthodique, rationnel, voire cartésien, particulièrement dans certaines situations, l'élève avec autisme a toujours besoin de comprendre ce qu'on attend de lui, et pour quel objectif. Son investissement et sa motivation sont toujours meilleurs lorsqu'on lui explique ce qu'on attend de lui.

Dans l'une de mes classes de collège qui accueille certains enfants autistes, j' accompagnais ces élèves avec TSA avec beaucoup d'attention et de patience, pour leur faciliter l' accès aux différents apprentissages (*lecture, écriture, activités manuelles et sportives…*) je favorise le développement de ces élèves et adolescents autistes en leur proposant des activités adaptées à leur handicap.

Activités manuelles

J'offre aux enfants avec TSA des activités manuelles adaptées à leurs capacités ce qui, permet d'exprimer leur créativité. Je leur Propose, par exemple, une activité de découpage, de peinture ou encore des activités avec des matériaux variés (pâte à modeler, carton, tissus, perles...). J'éveille les sens de ces enfants autistes avec des activités sensorielles ou en utilisant des instruments de musique.

Autisme et jeux éducatifs

Pour développer les capacités et soutenir l'apprentissage scolaire des enfants autistes, je prévois des jeux éducatifs et ludiques (amusants, divertissants, récréatifs, distrayants, plaisants). Ces activités se déclinent (s'affaiblissent, dégénèrent, fléchissent, régressent, tombent) dans différents domaines : langage, autonomie, association, mémoire, motricité, sensorialité, compétences sociales, apprentissage des émotions, etc. j'adapte également les outils et les supports : Time-Timer, pictogrammes, jeux de cartes, dominos, puzzles, ballons, etc. Ces jeux éducatifs je les propose aux jeunes avec TSA avec plusieurs niveaux de difficulté.

La lecture pour les enfants autistes

Apprendre et améliorer la lecture fait partie des apprentissages indispensables aux élèves du collège avec TSA ou ordinaires. Toutefois, un enfant autiste n'apprend pas la langue écrite de la même façon qu'un enfant neurotypique (enfant *au fonctionnement "typique", autrement dit "standard", généralement considéré comme "normal"*) C'est pourquoi l'apprentissage de la lecture nécessite des adaptations pour les élèves TSA. Ma méthode d'apprentissage que je privilégie est l'utilisation de supports visuels (*images, pictogrammes...*) pour déchiffrer un mot ou un texte.

Je choisis des livres attractifs (*livres sonores, musicaux ou sensoriels*) et qui correspondent aux thématiques (*sujets, thèmes*) préférées des enfants autistes.

Pour faciliter l'apprentissage de la lecture, certaines méthodes comportementales, développementales et éducatives (Makaton, PECS) sont très efficaces.

L'écriture pour les jeunes avec TSA

J'adapte aussi l'apprentissage de l'écriture pour les élèves autistes. Avant de leur apprendre à écrire, je leur apprends d'abord à dessiner. Je leur fais tracer des ronds, des traits ou des courbes, c'est un excellent moyen pour leur faciliter, par la suite, l'écriture des lettres.

Je stimule les élèves autistes en leur proposant des activités et des jeux d'écriture appropriés à leur niveau et à leurs centres d'intérêt.

Le sport et les loisirs

L'activité physique permet aux élèves, adolescents autistes de ma classe de développer leurs compétences motrices et relationnelles. Toutefois, il est important de réfléchir au sport ou au loisir le plus adapté aux besoins et aux capacités des élèves TSA. En effet, certaines activités physiques comme les sports collectifs nécessitent des prérequis (*apprendre les règles du jeu, accepter les règles sociales...*) difficiles à appréhender pour les jeunes autistes. En collaboration avec le professeur de sport, les premières approches se sont en classe. En premier, je préfère toujours, de leur proposer une activité sportive individuelle : natation, marche, gymnastique, escalade ou équitation. Je fais évoluer cela par la suite vers des sports plus collectifs.

Dans tous les domaines, je généralise les apprentissages. Chaque enseignement doit ainsi être priorisé et généralisé pour ensuite être appliqué dans les différentes situations rencontrées par l'élève. Exemple : lors de l'apprentissages des formes, l'enfant commencera par reconnaitre un rectangle pour ensuite l'identifier dans son environnement. Dans la cuisine, le réfrigérateur est un rectangle, tout comme le tableau dans la salle de classe ou le lit dans sa chambre, le stade, la portes des chambres etc…

Lorsque les élèves autistes me posent des questions

Plusieurs fois les élèves autistes parmi les élèves ordinaires, m'interrogent, je ne leur répond pas directement. Je retourne la question, à ces adolescents pour savoir ce qu'ils en pensent, c'est ma méthode de travail, pour les inciter, les pousser à réfléchir avec moi aux réponses attendues. Pour faire naître un processus réflexif, c'est à mon tour de les questionner sur ce qu'ils voient, ce qui se passe etc. j'organise une confrontation avec les réponses déjà établies, et demander de se justifier, je leur montre les choses sous un autre angle, c'est mon objectif. Ces questionnements je les utilise ponctuellement pour encourager la flexibilité de pensée et réduit la rigidité cognitive.

Les apprentissages par le plaisir

Dans ma classe, les élèves autistes comme avec les élèves ordinaires, le plaisir joue le plus grand rôle dans les apprentissages, j'utilise le jeu, qui est un outil indispensable pour qu'ils fassent de nouvelles acquisitions, je fais adapter les exercices aux centres d'intérêts des élèves. Pas à pas, lorsqu'ils souhaitent travailler les domaines les plus difficiles, je me sers des de leurs talents, pour augmenter la motivation. Je présente les cours sous forme de dessins puisqu'ils aiment dessiner.

J'utilise petite armoire dans ma classe, dans laquelle sont entreposées des cartes sous formes de bons points, des objets en fonction des centres d'intérêt des élèves, j'établis un système de récompenses qui spécifie les types d'efforts à récompenser, bien déterminées et connues de l'enfant. Avec ces élèves, les récompenses forment souvent une source de motivation très vigoureuse (forte, musclée, robuste, solide, puissante, influente, considérable, importante, omnipotente, efficace, agissante, énergique, profonde, forte, intense, soutenue, vive.) pour fournir les efforts attendus.

Les élèves de ma classe avec autisme et leurs propres raisonnements

Anxieux, ou face à des difficultés les enfants avec TSA réagissent différemment et développent un raisonnement farfelue propre à eux, c'est une manière qui leur parle, je les comprends, et pour les aider je fais preuve de beaucoup de patience, et de souplesse. J'accepte toutes les méthodes, les logiques et les systèmes utilisées qui sont propres à eux mais qui les apaisent, à une condition que celles-ci soient correctes. Je saisis l'opportunité d'utiliser leurs raisonnements pour améliorer la flexibilité de leurs pensées.

Les élèves avec TSA apprennent d'une façon particulière

Je m'adapte au style d'apprentissage des élèves autistes avec plaisir, pour ne pas les déstabiliser, éviter les replis sur soi, leurs manières d'apprendre sont atypiques et caractérisées par des pensées essentiellement visuelles mais concrètes et logiques.

L'ensemble d'actions coordonnées, d'opérations habiles, de manœuvres en vue d'atteindre un but utilisé et plus efficace sont celles qui correspondent à leurs modes de pensées.

Ils raisonnent en images leurs pensées sont picturales. (Utilisées ou se rapportent à des images) selon lequel la raison est la seule source de connaissance. Tout ce qui existe a sa raison d'être et, de ce fait, peut être intelligible. Ce que je privilégie, ce sont toutes ces informations rationnelles que je démontre, et j'explique exhaustivement, j'utilise le maximum d'images, de schémas, de dessins, des organigrammes et des tableaux, les cartes heuristiques (une carte mentale, également appelée carte heuristique, est un diagramme qui présente vos idées sous une forme visuelle.

La création d'une carte mentale permet de structurer vos idées et de vous faire une idée plus précise de leur nature et de leurs liens.) à l'aide de dessins et de peu de mots.

Un de ces élèves autiste a un raisonnement essentiellement verbal, je mets l'accent, j'appuie, je dessine, j'intensifie, je mets en avant, je mets en évidence, je mets en relief, je mets en valeur, je renforcer, je souligne et valorise toutes les explications orales et écrites, livres enregistrements sonores etc...

Mes objectifs par rapport aux élèves autistes

Je vise particulièrement l'autonomie, tous les apprentissages sont conçus pour les rendre autonomes, l'important est qu'ils acquièrent de nouvelles connaissances mais avant cela, je les accompagne pour développer des compétences qui leur permettent de continuer à apprendre par eux-mêmes.

Je les développe ainsi, pour contribuer à rendre ces élèves autistes indépendants. J'arrête toutes les aides progressivement, aussitôt que ces enfants ne semblent plus avoir besoin.

Les élèves autistes du groupe-classe, avec toutes les méthodes, les techniques que je développe et adaptées à leurs difficultés ont amélioré leurs compétences, ils ont appris à lire, écrire, et présenter des récits corrects, j'agis avec précision et beaucoup de patience avec eux, je commence toujours par leur acquis initial, je construis beaucoup de liens entre les connaissances, je leur apprends à les généraliser, je les entraîne pour une vue de l'esprit, un concept, une idée, une notion, une théorie, une abstraction pour fournir des idées claires, de poser des questions et j'utilise le plaisir et les récompenses comme leviers de développement et de progression.

je pense par exemple au recours possible à des clauses de sauvegarde, lesquelles ne doivent pas être conçues comme une sanction mais plutôt comme un levier d'action, comme une pression positive pour que ces élèves s'épanouissent, j'accepte souvent d'autres façons de travailler pour améliorer le comportement de ces élèves autistes, en s'adaptant au style d'apprentissage de chaque élève, et dans une perspective de viser leur autonomie.

Conclusion

Les troubles du spectre de l'autisme peuvent être plus ou moins sévères.

les premiers signes : ne répond pas au sourire à 3 mois ;manque de réaction à l'appel de son prénom à 12 mois ; manque de réponse en sourire ; peu de regard, voire pas vers les autres ; le bébé ne suit pas des yeux ce que son parent lui montre ; manque d'actes d'imitation verbal et non verbal ; absence de mots à 18 mois ; absence de phrases à 24 mois ; pas de contact avec les autres voire limité ; pauvreté des jeux ; comportements répétitifs, grande détresse ; l'hypersensibllité ; des sensations particulières ; la perception du temps défaillante ; des difficultés à planifier leurs activités ;difficultés à exprimer des émotions ; les gestes violents ne sont pas de la méchanceté ; problèmes de compréhension ; troubles des apprentissages ; les personnes autistes sont observatrices et ont un excellent sens du détail ; ne peut pas anticiper.

L'autisme étant un trouble du spectre, chaque élève a des besoins spécifiques. Il est donc crucial d'adapter les cours en fonction de ses forces et difficultés. Voici quelques pistes générales :

1. Environnement structuré et prévisible :

- Horaires clairs et routines : un emploi du temps visuel et des transitions prévisibles aide à réduire l'anxiété.
- Espace de travail organisé : un bureau épuré et des matériels rangés facilitent la concentration.
- Minimiser les distractions : réduire les stimuli visuels et auditifs (exemples : coins calmes, casques anti-bruit).

2. Communication claire et adaptée :

- Langage concret et instructions précises, éviter les métaphores ou le langage figuré.
- Supports visuels : utiliser des images, pictogrammes, schémas pour appuyer les explications.
- Temps de traitement de l'information : laisser le temps à l'élève de comprendre et répondre.
- Communication alternative : si besoin, utiliser des outils comme le PECS (Système de Communication par échange d'Images).

3. Pédagogie individualisée :

- Centres d'intérêt : exploiter les passions de l'élève pour motiver et faciliter l'apprentissage.
- Apprentissage par le jeu : utiliser des activités ludiques pour rendre l'apprentissage plus agréable.
- Fractionnement des tâches : diviser les tâches complexes en étapes plus petites et réalisables.
- Renforcement positif : encourager les progrès et valoriser les efforts.

4. Soutien social et émotionnel :

- Compréhension et patience : faire preuve d'empathie et accepter les particularités de l'élève,

- Gestion des émotions : apprendre à l'élève à identifier et exprimer ses émotions de manière appropriée,
- Inclusion sociale : favoriser les interactions positives entre élèves
- Ressources complémentaires.

5.Professionnels spécialisés :

- Faire appel à un psychologue scolaire, orthophoniste, etc....
- Formations pour les enseignants : se former aux spécificités de l'autisme et aux méthodes pédagogiques adaptées.
- Associations et réseaux de parents : échanger avec d'autres parents et professionnels pour partager des expériences et conseils.
- N'oubliez pas : l'objectif principal est de créer un environnement d'apprentissage inclusif et bienveillant où l'élève autiste peut s'épanouir et développer son plein potentiel.

Stratégies pour aider

- Diagnostic précoce : permet une prise en charge adaptée dès le plus jeune âge.
- Interventions éducatives et comportementales : ABA, TEACCH, PECS... aident à développer les compétences et à gérer les comportements difficiles.
- Thérapies complémentaires : orthophonie, ergothérapie, psychomotricité... peuvent être bénéfiques selon les besoins de la personne.
- Soutien familial : informations, groupes de parole, répit... aident les familles à mieux comprendre et accompagner leur enfant.
- Adaptation de l'environnement : prévisibilité, routines, outils visuels... facilitent la compréhension et réduisent l'anxiété.

Conseils pour les personnes autistes

- S'informer sur l'autisme : mieux se connaître pour mieux gérer ses particularités.
- Développer des stratégies : apprendre à gérer l'anxiété, les émotions, les situations sociales...
- Communiquer ses besoins : exprimer clairement ses préférences, ses difficultés, ses limites.
- S'entourer de personnes bienveillantes : famille, amis, professionnels qui comprennent et acceptent l'autisme.
- Valoriser ses forces : l'autisme peut être associé à des talents particuliers et une grande sensibilité.

Important

L'autisme n'est pas une maladie, mais une différence neurologique.

Il n'existe pas de "remède miracle", mais des prises en charge adaptées peuvent améliorer la qualité de vie.

L'acceptation, la compréhension et le soutien sont essentiels pour aider les personnes autistes à s'épanouir.

LA TRISOMIE

I.   C'est quoi la trisomie ?

Chaque personne reçoit de ses deux parents un patrimoine génétique donné. La moitié de ses chromosomes vient de son père et l'autre moitié de sa mère. Les personnes ordinaires ont 46 chromosomes, ils sont les noyaux de nos cellules.

Les individus avec la trisomie peuvent faire de grandes réalisations. Beaucoup travaillent, vivent dans leur propre maison, avec plus ou moins d'accompagnement nécessaire, vivent en couple, un grand nombre d'entre eux accèdent à l'écrit. Ils vivent une vie de plus en plus ordinaire, alors que la société tenait pour acquis qu'ils ne pouvaient pas faire grand-chose. La vérité est qu'on ne leur donnait pas l'occasion d'essayer ou d'apprendre. Leur potentiel a été sous-estimé, et c'est le manque d'opportunités d'apprentissage et d'expérimentation qui les a empêchés de s'épanouir pleinement.

La trisomie 21, également connue sous le nom de syndrome de Down, est une anomalie génétique caractérisée par la présence de trois copies du chromosome 21 au lieu des deux habituelles.

Cela entraîne des conséquences sur le développement physique et intellectuel, avec des caractéristiques telles que :

- traits physiques distinctifs: visage rond, yeux bridés, petite taille, etc...,
- déficience intellectuelle légère à modérée: difficultés d'apprentissage, de langage, de mémoire...,

- risques accrus de problèmes de santé: cardiaques, auditifs, visuels, etc...

Il est crucial de rappeler que chaque individu porteur de trisomie 21 est unique, et que l'expression de cette condition varie grandement d'une personne à l'autre. Avec un soutien approprié et un environnement favorable, les personnes atteintes de trisomie 21 peuvent développer pleinement leur potentiel et mener une vie riche et satisfaisante.

II.   Je suis attaché aux valeurs de l'école inclusive

Pourquoi ?

L'école inclusive est bien plus qu'une simple juxtaposition d'élèves différents. C'est un projet éducatif ambitieux qui vise à transformer en profondeur les pratiques et les relation sociales au sein de l'école.

Exemple : Une école inclusive, c'est une école qui accompagne au mieux la scolarité des élèves ayant des besoins éducatifs particuliers : Enfants en situation de handicap, enfants en grande difficulté scolaire, enfants malades.).

L'école inclusive accueille tous les élèves et s'adapte à leurs besoins, contrairement à l'école spéciale qui se concentre sur un type de handicap spécifique. C'est une école de tous les enfants. Dans une école inclusive, chaque enfant a la capacité d'apprendre si l'enseignement est adapté à ses besoins. L'objectif est de créer un environnement d'apprentissage optimal sans ségrégation, où tous les élèves peuvent progresser ensemble. En s'adaptant à la diversité de ses élèves, l'école inclusive facilite l'apprentissage et l'épanouissement de tous, y compris ceux en situation de handicap ou ayant des difficultés spécifiques.

Comment savoir qu'on est dans une école inclusive ?

- Pace-que on se sent bien à l'école et dans la classe,
- Parce qu'on apprend, et ce qu'on apprend n'est ni trop facile ni trop difficile,
- Parce que on est dans la même école que les autres élèves de son quartier ou de son village.

III. Qu'est-ce qui caractérise une école inclusive par rapport aux types d'établissements scolaires ?

Dans certaines écoles non inclusives, les élèves en difficulté (trisomie, autisme, etc...) doivent choisir entre quitter l'établissement pour une école spécialisée ou rester et affronter des obstacles importants à leur apprentissage.

La loi de 2005 marque un tournant majeur en France en affirmant le droit à l'éducation pour tous les enfants, sans discrimination. Concrètement, écoles, collèges et lycées ont l'obligation d'accueillir tous les élèves, quels que soient leurs besoins spécifiques.

Cependant, l'inclusion scolaire ne se décrète pas, elle se construit. Accueillir des élèves en situation de handicap exige des transformations profondes au sein des établissements : formation des enseignants et du personnel, adaptation des locaux et du matériel pédagogique, mise en place de soutiens individualisés...

Au-delà des aspects matériels, l'inclusion repose sur un changement de mentalité. Enseignants, éducateurs et l'ensemble de la communauté éducative ont la responsabilité de créer un climat favorable à l'apprentissage mutuel et à la valorisation de chacun. En encourageant l'entraide, la coopération et le respect des différences, ils permettent aux élèves en situation de handicap de se sentir acceptés, intégrés et de développer un sentiment d'appartenance.

L'inclusion scolaire est un défi collectif qui enrichit l'ensemble de la communauté éducative et contribue à construire une société plus juste et plus solidaire.

IV.   Comment créer un environnement adapté aux besoins des élèves trisomiques ?

Une réflexion et un suivi permanent par les professeurs est une nécessité afin de mettre en place un cadre d'apprentissage convenant et favorable.

Prenons comme exemple la démarche à adopter (choisir, élire, opter pour, approuver, acquiescer, consentir à, entériner) suivante :

- Respecter le rythme d'apprentissage en faisant évoluer le temps imparti pour réaliser une tâche,
- Soutenir l'attention de l'élève en variant les supports (cahier, ardoise, feuille, ordinateur, tablette...) et situations d'apprentissage,
- Faire travailler une notion ou une compétence dans différents contextes (Ambiances, atmosphères, concordances, données, encadrements, environnements, fonds, situations, teneur),
- Établir des liens entre les différentes disciplines étudiées,
- Aider l'élève à se remémorer et à remobiliser des connaissances déjà travaillées,
- Proposer des supports facilitant la mémorisation (sous-main, cahier-outil, schémas, portraits, pictogrammes etc..),
- S'assurer de la compréhension en permettant à l'élève de reformuler la consigne,

- Veiller à la formulation de consignes explicites, claires et concises (brèves, condensées, courtes, elliptiques, laconiques, lapidaires, précises, schématiques...),
- Solliciter les cinq sens pour retenir l'attention, mobiliser la mémoire et faire apprendre : la vue, l'audition, le toucher, le goût, l'odorat,
- Lui laisser le temps de répondre, respecter son temps de parole, être patient,
- Adapter la quantité de travail à effectuer,
- Permettre des manipulations avant d'aborder des étapes de représentation ou de formalisation,
- Favoriser la compréhension des règles du savoir-vivre ensemble en veillant à utiliser un langage simple, clair, avec des exemples concrets et en utilisant des supports visuels adaptés,
- Expliciter le sens de ces règles et leur dimension protectrice ; permettre aux élèves de comprendre « le point de vue d'autrui.

Mes conseils !

Adapter ses enseignements, porter un regard bienveillant sur les élèves et croire en leur capacité à apprendre sont les ingrédients essentiels d'un établissement inclusif.

Cette posture professionnelle (attitude, contenance, maintien, pose.) a toujours permis de constater le bénéfice qu'en tire l'ensemble de la population scolaire, au-delà des enfants handicapés.

C'est à l'école, au collège, au lycée et à l'université que l'élève découvre les règles de la vie en groupe, apprend à les respecter, à être un parmi d'autres, et à partager avec eux la bienveillance et l'attention d'autres personnes.

Toutefois, une relation trop privilégiée avec son professeur ou éducateur peut parfois constituer un obstacle aux apprentissages.

1- Ce qu'on apprend à l'école, collège, lycée... :

L'élève avec trisomie 21, au-delà des apprentissages scolaires, développe des compétences sociales essentielles tout au long de sa vie grâce à l'école. Il y apprend les règles de vie en groupe, à les respecter et à trouver sa place au sein de la classe. Ces apprentissages sociaux se construisent au même rythme que pour les autres enfants du même âge, ce qui souligne l'importance d'une scolarisation à temps plein, toute l'année, plutôt que quelques demi-journées par semaine.

C'est à l'école, au collège, au lycée et à l'université, que l'élève découvre les règles de la vie en groupe, apprend à les respecter, et fait l'expérience de leurs transgressions. Il apprend à être « un » parmi d'autres, et développe progressivement ses relations sociales. Pour cela il faut qu'il soit scolarisé toute la semaine et toute l'année et non quelques demi-journées seulement par semaine.

C'est au professeur qu'appartient d'accompagner la construction du premier réseau relationnel en offrant à l'enfant avec trisomie21 et à ses camarades les pistes pour se démener ensemble, à entreprendre des activités ensemble, à exécuter des tâches ensemble, à intervenir sur des projets ensemble, à se mettre à l'œuvre ensemble.

Ces établissements sont des lieux d'éclosion c'est-à-dire d'ouverture à la maturité. Les premières années de sa vie, il y rencontre les jeux à la mode. Il y apprend les chants, les comptines, il est entouré d'écrits.

2- Savoir lire aisément :

C'est un outil de liberté et de communication qui permet d'aller le plus loin possible dans l'exercice de l'autonomie, particulièrement pour un élève avec trisomie21 Il retrouve une fierté en maitrisant la lecture.

Bien qu'il existe des similitudes dans l'approche générale de l'apprentissage de la lecture, il est important de reconnaître que les élèves avec trisomie 21 peuvent nécessiter des adaptations spécifiques pour favoriser leur réussite.

Le processus peut prendre plus de temps et requiert une variété de supports pédagogiques adaptés à leur âge et à leurs centres d'intérêt, afin de maintenir leur motivation et leur engagement.

Il faut savoir varier les supports pour éviter le découragement en les adaptant à son âge et à ses centres d'intérêt.

3- Valoriser chaque réussite :

Durant l'exercice de mes fonctions, j'ai fait preuve d'une excellente initiative pour stimuler l'élève avec trisomie 21.

En effet, valoriser ses apprentissages à chaque réussite est essentiel pour renforcer sa confiance en lui. Le fait de mettre en évidence ses progrès, comme entourer ou colorer les mots et les phrases qu'il lit seul, est une excellente façon de lui montrer concrètement ses avancées et de l'encourager à poursuivre ses efforts.

Cette approche positive contribue non seulement à développer ses compétences en lecture, mais aussi à renforcer son estime de soi et sa motivation à apprendre. Continuer à adapter votre pédagogie de cette manière permettra à cet élève de progresser à son rythme et de se sentir valorisé dans ses apprentissages.

Pour cela, je vérifie souvent que la posture de l'élève en classe est bien adaptée et qu'elle lui permet d'être réceptif. Je m'assure que son assise est confortable, que ses pieds sont posés à plat sur le sol, que le bas du dos est bien maintenu, c'est ce qui facilite les apprentissages.

4- J'explique les règles de manière à décoder l'implicite :

Ce qui est évident pour nous les adultes, ne l'est pas pour l'élève avec tri-somie21. La cohérence et la convergence doivent prévaloir (alléguer, ar-guer, s'autoriser se flatter, se glorifier, s'honorer). Pour cela, j'utilise des pictogrammes pour faire comprendre les consignes et les règles de la classe.

V. Les pictogrammes : Un outil pour enseigner les consignes et les règles

Les images sont mes outils pour représenter les activités dans l'emploi du temps de la journée et de la semaine. Pour les règles et les consignes, j'utilise les pictogrammes, je fais toujours le lien entre les apprentissages, voire certains apprentissages et le vécu de l'élève, dans une perspective de faciliter l'entrée dans les nouvelles situations proposées.

VI. Trop de consignes déstabilisent les élèves

Je propose qu'une seule consigne à la fois à ces élèves pour pallier (atté-nuer ou tenter de diminuer la gravité ou l'étendue de la consigne. Atténuer, justifier, rationaliser) leur déficit de mémoire auditive à court terme. Je réex-plique les consignes à chacun des élèves d'une manière individualisée.

VII. Je facilite la mémorisation

Je laisse à la disposition des élèves les tableaux, les fiches, et les mots écrits réalisés par eux-mêmes lorsqu'ils doivent accomplir des exercices.

Je ne mets jamais les élèves en difficulté ; mais je les retire au fur et à mesure suivant leurs compétences.

VIII. Comment progressent les élèves avec trisomie21 ?

Ils progressent à leur rythme, et à l'engagement de tous : Les enseignants, les éducateurs et les autres élèves sont des acteurs très positifs dans la construction de l'environnement éducatif et social d'un enfant trisomique.

Ils abordent la lecture seulement à leur rythme, très différent du rythme des autres élèves.

Les activités périscolaires *(elles sont organisées autour de projets d'éveil corporel, artistique, cognitif, linguistique et d'activités d'exploration et de découverte. Les activités comportent un temps de jeu en autonomie, d'activités d'éveil et un moment plus calme (relaxation, contes, comptines chantées...),* loisirs, éducation physique et sportive, animation culturelle favorisent le décloisonnement des structures et peuvent dans certains cas aider à la mise en place du projet de scolarisation.

Exemple de Karim

En prenant pour exemple, Karim 18 ans trisomique est capable de faire plein de choses, il est capable d'apprendre, il est capable d'aller à l'école, il est capable d'avoir des loisirs, il est même capable de faire des choix, tout le monde est différent, mais lui, il est différent par sa trisomie il fait plein de choses pour dire que les personnes qui sont handicapées peuvent facilement choisir leur vie.

Avec un encadrement adapté, il est au lycée, il a réussi son brevet, il est enthousiaste pour bien grandir ça veut dire devenir adulte.

L'inquiétude des parents

Les parents éprouvent des inquiétudes , et se posent des diverses questions : s'il ou elle pourra avoir des enfants ?, s'il ou elle pourra vivre sans nous ?, s'il ou elle pourra aller à l'école ordinaire ?, s'il ou elle pourra avoir des amis ?, que va-t-il ou elle devenir quand nous ne serons plus là ?, pourra-t-il ou elle parler correctement ?, va-t-il ou elle mourir jeune ?, comment expliquer sa trisomie à ses frères et sœurs et à notre entourage ?, pourra-t-il ou elle faire aux regards des autres ? Va-t-il ou elle avoir la langue pendante et baver en permanence ? comment notre couple va-t-il résister ?

Ce sont des questions légitimes qui reflètent une prise de conscience importante. Les personnes atteintes de trisomie 21 sont bien plus que leur condition génétique.

Cette particularité génétique entraîne un ensemble de manifestations physiques et biologiques variées, mais il est essentiel de rappeler que chaque personne avec trisomie 21 est unique.

Le degré d'expression de ces caractéristiques peut différer considérablement d'un individu à l'autre.

IX. Conséquences de la présence d'un chromosome supplémentaire

Chromosomes organisés en 23 paires.

Dans la trisomie 21, le chromosome 21 est en trois exemplaires au lieu de deux, portant le nombre total de chromosomes à 47. Le chromosome 21 est le plus petit des chromosomes, il compte environ 255 gènes.

C'est la présence de ce chromosome supplémentaire qui déséquilibre l'ensemble du fonctionnement du génome et donc de l'organisme. Cette maladie génétique peut être comparée à un ordinateur sur lequel on aurait ouvert trop d'applications en même temps.

L'ordinateur n'est pas cassé ; il tourne toujours...mais au ralenti, parce qu'il n'arrive pas à gérer toutes ces informations en même temps. Pour qu'il fonctionne de nouveau à bonne vitesse, il faut fermer quelques fenêtres.

Pour dissiper certains doutes et offrir un premier accompagnement à la construction de la parentalité, il est indispensable de parler à son bébé, aussitôt que possible ; cela signifie le début d'un accompagnement avisé tout au long du chemin qui lui permettra de construire son individualité.

Il est crucial de stimuler la communication dès la naissance d'un bébé, car le langage se développe à travers les interactions. Observer attentivement ses attitudes (regards, pleurs, postures...) est essentiel. Le contact visuel est primordial pour établir une première communication. Cependant, l'hypotonie (*difficulté d'apprentissage de l'orthographe chez un enfant, sans présenter par ailleurs de déficits intellectuels, sensoriel, ou de trouble majeur de la personnalité et qui est normalement scolarisé*), qui se manifeste par une faiblesse des muscles responsables des mouvements oculaires, peut entraîner des retards dans l'établissement du contact visuel.

En d'autres termes, pour que le langage se développe, il faut interagir avec le bébé dès sa naissance et être attentif à ses expressions. Le contact visuel est la base de la communication, mais il peut être affecté par l'hypotonie qui rend les mouvements des yeux difficiles.

Un faible tonus musculaire

L'hypotonie peut être détectée peu après la naissance ou lorsque l'enfant grandit, il peut être difficile d'accrocher le regard de ces bébés, et quand on y parvient, la durée reste très brève.

Ces regards soutenus sont très importants dans la mise en place des premiers échanges.

Ils permettent à l'enfant d'apprendre le visage de ses proches et de développer avec eux une relation privilégiée. Les parents doivent veiller à ce que leur visage soit bien dans le champ visuel du bébé, et sera souvent très important d'associer sons et gestes : prendre le bébé dans les bras, l'appeler par son prénom, amplifier les intonations de la voix, accentuer les mimiques (sourire, froncement des yeux).

Il est utile de laisser au bébé le temps nécessaire à sa réponse.

Les premiers mots

Les premiers mots prononcés par l'enfant marquent son entrée dans la communication verbale.

Chez les personnes trisomiques 21, ils surviennent principalement en cohérence avec leur niveau de développement **cognitif** (Qui concerne l'acquisition des connaissances, il s'agit de l'attention, de la mémoire, des fonctions exécutives, des fonctions visuo-spatiales et du langage que nous allons présenter de manière succincte).

La compréhension

Les personnes atteintes de trisomie 21 peuvent rencontrer des défis supplémentaires qui rendent les tâches plus ardues, ce qui peut conduire à une démotivation et une fatigue plus rapide. Elles peuvent également avoir du mal à savoir quand s'arrêter, être sujettes à l'impulsivité et manquer de recul pour comprendre les conséquences de leurs actions. Il est important de reconnaître que ces comportements découlent souvent d'un sentiment de manque de contrôle ou d'options. En offrant un soutien approprié, des choix clairs et des stratégies d'adaptation, on peut aider ces personnes à développer leur autonomie et à mieux gérer leurs comportements.

Quand on s'adresse à un trisomique, on doit être spontané, tout en restant conscient de ses difficultés. Il faut adapter des messages courts et clairs en lien avec la situation concrète.

Exemple :

On dira « **on va se promener, Lydia, prends ton bonnet** » plutôt que : « **et qui veut faire un tour avec maman ? C'est Lydia ! il ne faudrait pas que Lydia prenne froid et s'enrhume alors Lydia va chercher ton bonnet !**».

L'expression

L'évolution du langage chez un enfant trisomique 21 est la même que chez l'enfant ordinaire. Elle est toutefois souvent retardée et, à l'âge adulte, les différences entre personnes restent importantes.

Les troubles de la parole sont constants et perdurent : mots déformés, consonnes mal prononcées, syllabes en désordre « *le labavo*, pour *le lavabo*, *la nanane* pour *la banane* ».

Le chemin vers l'expression verbale pour de nombreuses personnes avec trisomie 21 peut être long et semé d'embûches, générant parfois de la frustration. Il est donc absolument crucial qu'elles bénéficient d'un soutien et d'un accompagnement constants dans leurs efforts.

Chaque progrès, chaque obstacle franchi dans leur communication verbale mérite d'être reconnu et célébré, renforçant ainsi leur confiance et leur motivation à poursuivre leur développement linguistique.

X.   Aider une personne trisomique à communiquer

Acquiescer régulièrement, laisser de la place à la personne et utiliser un vocabulaire compréhensible font partie des comportements essentiels à adopter pour mieux communiquer avec une personne trisomique. « Le secret, c'est aussi le temps. Il faut laisser le temps aux personnes trisomiques de parler », « la gestuelle aide non seulement à trouver ses mots, mais elle permet de mieux structurer son discours ». Faire appel au geste permettrait donc de libérer la parole. La gestualité est également étudiée à grande échelle.

Une fois que l'enfant peut dire le mot, c'est spontanément qu'il abandonne le signe.

Les signes

En général, les enfants porteurs de trisomie 21 ont le canal visuel qui fonctionne mieux que le canal auditif. Les gestes à travers nos signes ou les dessins avec les pictogrammes sont des supports qui soutiennent fortement le développement et les aident à appréhender le langage en grandissant.

Les gestes sont plus aisément reproduits que les mots. Signes et gestes sont des moyens de communication qui permettent à l'enfant de rester actif et d'entrer en relation précocement de manière satisfaisante.

Les pictogrammes pour une personne trisomique

L'utilisation de pictogrammes est un outil précieux pour aider Lydia, une personne trisomique, à mieux comprendre et gérer son quotidien. En effet, les pictogrammes visuels permettent d'établir des routines claires et rassurantes, facilitant ainsi son organisation et réduisant son anxiété face à l'inconnu.

Ces images constituent un mode de communication alternatif qui compense les difficultés d'expression orale parfois rencontrées par les personnes trisomiques. Elles offrent un support visuel concret pour comprendre et interagir avec le monde qui les entoure.

En classe par exemple, le professeur mettait à la disposition de Lydia tous les pictogrammes qui représentent sa journée. Tous les matins, elles regardent ensemble comment organiser sa journée. C'est un très bon support au développement de l'autonomie de l'enfant.

Intérêts des pictogrammes :

- Les pictogrammes servent à structurer le langage,
- Ils augmentent la compréhension et la mémorisation car ils sont autant que possible iconiques (du moins, en début d'apprentissage),
- Ils sont permanents, c'est une représentation tangible du langage car on peut jouer avec les cartes pictographiées,
- Ils permettent de prendre conscience de la segmentation des mots et de leur ordre, ce qui développe la conscience lexicale et syntaxique de l'enfant, et lui permet de mémoriser des structures syntaxiques de plus en plus longues.

En parallèle, ils permettent aussi de mettre en place certains prérequis au langage écrit : compréhension du symbolisme, segmentation des mots, sens de la lecture et discrimination visuelle.

Les images et les pictogrammes

Les pictogrammes permettront de pouvoir réaliser des activités par étape et de mieux appréhender l'espace-temps pour l'enfant car ils facilitent la concentration.

Une image peut remplacer un mot et donner autrement l'information. Les pictogrammes constituent un moyen très efficace pour compenser les difficultés de l'expression et la compréhension des messages oraux ou écrits.

Ce sont des dessins simplifiés, très concrets, dont la signification est directement assimilable par les personnes avec trisomie 21. Beaucoup de pictogrammes sont utilisés dans notre environnement (panneaux de signalisation, code de la route, mode d'emploi.). L'enfant qui n'a pas les mots nécessaires pour exprimer ses besoins, ce qu'il désire, ce qu'il ressent, peut les utiliser.

Il saura choisir l'image qui correspond à « jouer, dormir, boire, aller aux toilettes, se reposer... ». L'enfant se sent valorisé de pouvoir s'exprimer avec des pictogrammes, cela contribue à améliorer l'image qu'il se constitue de lui-même L'utilisation des pictogrammes facilitent l'autonomie, ils aident à se repérer dans l'espace, à identifier les lieux ou bacs de rangement, à s'organiser dans les vestiaires, à s'organiser dans les activités, à comprendre la consigne donnée au groupe de classe : « on range les jeux pour aller en récréation », le pictogramme correspondant à la cour de récréation permettra à l'enfant trisomique de comprendre ce qu'il convient de faire et d'anticiper la situation suivante.

On utilise les pictogrammes comme outils pour permettre à l'enfant de mieux comprendre ce qu'il doit faire, pour faciliter le maintien de l'attention, le découpage de la tâche en étapes et étayer la réalisation de l'activité.

1- Exemple : le Makaton :

Concrètement, le Makaton est un ensemble de « vocabulaire » composé de signes et de pictogrammes illustrant de façon visuelle les concepts qu'ils signifient, aidant ainsi à la compréhension tout en accompagnant les personnes vers la première étape du langage : la symbolisation, est un programme d'aide à la communication, et au langage qui associe la parole, les signes et les pictogrammes.

Un premier vocabulaire fonctionnel est proposé, il permettra au jeune enfant de communiquer sur ce qu'il désire ou refuse.

Sur ses intérêts, ses choix. Cette approche constitue un des outils utilisés fréquemment par les orthophonistes, qui accompagnent les bébés, enfants, adolescents et adultes avec trisomie 21.

Ce programme présente l'avantage de s'adapter aux différentes phases de progression. Il peut être utilisé à tout âge et, est accessible tant aux professionnels qu'aux parents.

2- Les indications du programme « Makaton » :

On peut proposer le programme Makaton à toute personne ayant des difficultés à communiquer, des difficultés de compréhension ou des troubles du langage oral :

- Les personnes sourdes,
- Les personnes présentant des troubles sévères du langage et des dysphasies,
- Les personnes présentant d'autres troubles d'apprentissage de degrés variables,
- Les personnes présentant des handicaps mentaux,
- Les personnes présentant des polyhandicaps,
- Les personnes présentant des handicaps physiques,
- Les personnes porteuses d'autisme ou de troubles envahissants du développement,
- Les personnes présentant des troubles acquis du langage et de la parole (aphasiques, traumatisés crâniens).

3- Les objectifs principaux du Makaton sont les suivants :

- Améliorer la compréhension et favoriser l'oralisation,
- Permettre de meilleurs échanges au quotidien,
- Établir une communication fonctionnelle,
- Structurer le langage oral et écrit,
- Optimiser l'intégration sociale. Nous les développerons tous au cours de cet exposé.

Exemple d'une phrase construite avec des images et des signes :

« Un garçon regarde un avion dans le ciel »

4- Le choix du vocabulaire :

La conception du vocabulaire Makaton est basée sur quatre principes fondamentaux :

- Cibler l'apprentissage sur l'enseignement d'un vocabulaire de base restreint en quantité,

- L'organisation du vocabulaire en 8 niveaux + 1 niveau complémentaire, suivant une échelle de priorités respectant la logique de communication (des besoins élémentaires de l'enfant à la connaissance du monde extérieur),
- La personnalisation du vocabulaire en fonction des centres d'intérêt de l'enfant et des besoins de son entourage,
- Combiner l'utilisation de différentes modalités de communication (langage oral, signes, pictogrammes et langage écrit).

Au début de la prise en charge, il est préférable de choisir des concepts :

- Iconiques, qui se rapporte à l'icône, à l'image en tant que signe (dont le signe et/ou le pictogramme ressemble à l'objet correspondant),
- Motivants ; Qui appartiennent à l'expérience personnelle du sujet,
- Répétitifs ; variés dans les catégories grammaticales (noms, verbes, adjectifs) afin de permettre, dès le premier niveau, la construction de petites phrases.

XI.   Intérêts des signes

Les signes servent à :

- capter l'attention et mobiliser davantage l'enfant que « le flot de paroles » en resserrant son regard et en atténuant les troubles du comportement,
- mieux comprendre le langage oral car comme les pictogrammes, les signes sont, autant que possible, iconiques et permettent d'isoler les mots dans la chaîne parlée,
- favoriser les interactions et par conséquent établir de meilleurs échanges,

- pour favoriser la communication chez les enfants rencontrant des difficultés d'articulation ou de discrimination auditive, privilégiez une approche fonctionnelle axée sur l'expression de besoins et d'émotions. Encouragez activement l'oralisation, même si des gestes sont utilisés, car le développement moteur de la main et de la bouche pourrait être lié, facilitant ainsi l'émergence simultanée du geste et de la parole.

Dans le développement normal de l'enfant, la parole est le prolongement naturel du geste faciliter l'apprentissage et la mémorisation des mots ; améliorer l'intelligibilité.

L'utilisation des signes va spontanément ralentir le débit verbal et améliorer la qualité de la parole.

XII.   Parole difficile à produire

Pour les personnes trisomiques, la parole est difficile à produire et elles assimilent mieux qu'elles n'arrivent à parler. On perd de vue que la parole est un moyen de communication très complexe impliquant de nombreux muscles et récepteurs sensoriels, et que communication et langage ne se réduisent pas à la parole.

D'ailleurs, chez tous les humains, les gestes des mains sont omniprésents, l'enfant les utilise pour communiquer bien avant de parler, et ces gestes l'aident à acquérir les paroles. Dans toutes les sociétés humaines, les gestes font partie intégrante de la communication. Ils viennent naturellement compléter, accompagner, voire même remplacer les mots.

Que ce soit un signe de la main pour saluer, un hochement de tête pour acquiescer, ou une expression faciale pour traduire une émotion, les gestes enrichissent et nuancent nos échanges. Ils sont un langage universel qui transcende les barrières linguistiques et culturelles.

Parfois, un simple geste peut être plus éloquent que de longs discours.

Les chercheurs ont aussi montré qu'il existe des liens entre les mouvements des mains et ceux de la bouche. Les personnes avec trisomie perçoivent plus facilement **les informations visuelles globales** (fournies par des gestes visuels) que **les informations auditives séquentielles** (fournies par la parole).

Ma place c'est en classe !

Les supports adaptés pour communiquer

- Simplifier le vocabulaire : mots courts, concrets et usuels.
- La simplification grammaticale et syntaxique : les phrases exprimant une seule idée.
- Utiliser les dessins, en évitant les symboles abstraits.
- L'**hypotonie** est présente chez toutes les personnes ayant une trisomie 21. Cependant, elle varie selon chacune et touche différentes

parties du corps. Cette caractéristique entraîne différents problèmes dont des premiers pas plus tardifs, une fatigue plus fréquente et des difficultés sur le plan du langage.

XIII. Les facteurs qui augmentent les risques de Trisomie

Parmi ces facteurs, on note une irradiation parentale, les contraceptifs oraux, les anticorps antithyroïdiens, les saisons, le diabète maternel, la consanguinité et certains polymorphismes génétiques ou chromosomiques.

XIV. La scolarité est un droit

Les parents doivent respecter le droit de leur enfant à l'éducation et l'obligation pour les établissements scolaires d'adapter les enseignements aux besoins particuliers de tous les élèves y compris les enfants avec trisomie21, de la même manière que toutes les autres activités : sorties, scolaires, stages, services à la cantine...

En conclusion, tout enfant quelles que soient ses déficiences éventuelles, peut à la demande des parents, être inscrit dans un établissement scolaire et y trouver les adaptations prévues dans son projet personnalisé.

Et sa scolarité peut être complétée par l'intervention des professionnels spécialisés si nécessaire.

Les enseignants et le dialogue avec la famille

Les enseignants non spécialisés sont peu formés pour mettre en place un dialogue avec la famille d'un enfant trisomique. Le suivi de ce que fait l'enfant à l'école est indispensable par rapport aux parents. Le suivi de la manière dont se comporte l'enfant trisomique à la maison aiderait beaucoup les enseignants / enseignantes ou les éducateurs/ éducatrices dans la prise en charge de l'enfant. A la question de savoir comment leur enfant s'est comporté (Comment cela s'est passé ce matin ?) ;la réponse du personnel est souvent succincte et peu exhaustive: « Aucun problème, tout s'est bien passé... ? »

La maman inquiète, entend toujours cette réponse, est-elle suffisante, aide-t-elle vraiment les parents à comprendre ce qu'a fait leur enfant à l'école ou dans un centre de rééducation, ou association.

Quels sont les progrès spécifiques réalisés par l'enfant, et quelles difficultés particulières a-t-il rencontrées au cours de son parcours ? Il est crucial de rappeler aux parents, enseignants et éducateurs qu'il est essentiel de garder une perspective réaliste et de ne pas céder à l'alarmisme si une journée se déroule moins bien que prévu.

Chaque enfant, et particulièrement ceux avec des besoins spécifiques, connaît des hauts et des bas dans son développement.

L'important est de célébrer les progrès, d'analyser les difficultés avec bienveillance et de persévérer dans l'accompagnement, en adaptant les stratégies si nécessaire.

Toutes les expressions ou postures qui mettent en relief sa particularité peuvent s'avérer dévastatrices dans la construction sociale de l'élève, marqueront la famille bien au-delà de ce que mériteraient les incidents du jour.

Ces derniers doivent préparer leurs rencontres avec les parents, qu'il dispose du temps nécessaire pour leur expliquer les objectifs qu'ils visent, les réussites de leur enfant, les difficultés qu'il rencontre...

C'est lors de cette rencontre, avec les parents, dans cet échange de connaissance bien préparé qu'ils trouveront ensemble les réponses appropriées à la réussite du parcours scolaire de l'enfant.

Qu'apporte l'école ou l'association à l'enfant ?

Au-delà de lire, écrire, dessiner, apprentissages scolaires, c'est à cet endroit que l'enfant trisomique va pouvoir développer des compétences sociales qui lui seront nécessaires toute la vie.

Règles de vie, relations avec autrui, positionnement dans un groupe, il faut juste souligner la lenteur d'apprentissage des enfants trisomiques. Rare pourtant sont ceux qui dénoncent la faiblesse de l'école ou association comme facteur aggravant leurs difficultés.

C'est à l'école ou l'association que l'élève découvre les règles de la vie en groupe, apprend à les respecter et peut aussi faire l'expérience de leur progression : il va apprendre progressivement à être « un » parmi d'autres et partager avec eux la bienveillance et l'attention des adultes.

Une relation trop exclusive entre une personne trisomique et son accompagnateur peut freiner son autonomie, ses interactions sociales et sa capacité à généraliser ses apprentissages, limitant ainsi son développement et son inclusion et comme elle peut être positive :

1- Sentiment de sécurité et de confiance :

Une relation forte et positive avec l'accompagnateur peut créer un sentiment de sécurité et de confiance chez l'enfant.

Ce sentiment est essentiel pour qu'il se sente à l'aise pour explorer de nouvelles choses, prendre des risques et apprendre.

2- Motivation et engagement :

Lorsque l'enfant apprécie et fait confiance à son accompagnateur, il est plus susceptible d'être motivé et engagé dans les activités d'apprentissage, et plus enclin à y participer activement.

3- Soutien émotionnel :

L'accompagnateur peut offrir un soutien émotionnel important à l'enfant, en particulier lorsqu'il rencontre des difficultés ou des frustrations. Ce soutien peut l'aider à persévérer et à surmonter les obstacles.

4- Modèle positif :

L'accompagnateur peut servir de modèle positif pour l'enfant, en lui montrant comment interagir avec les autres, comment résoudre des problèmes et comment apprendre de nouvelles choses.

Il est important de noter qu'une relation privilégiée ne doit pas devenir exclusive. L'enfant doit également apprendre à interagir avec d'autres personnes et à développer son autonomie.

L'accompagnateur doit donc veiller à encourager l'enfant à établir des relations avec d'autres personnes et à participer à des activités de groupe.

En résumé, une relation trop privilégiée avec son accompagnateur n'est pas nécessairement un obstacle à l'apprentissage, à condition qu'elle soit saine et équilibrée. Cette relation peut même être un atout précieux pour l'enfant, en lui offrant un soutien émotionnel, une motivation et un modèle positif.

L'école ou l'association, sont des lieux de développement des relations avec les enfants du même âge.

Les stéréotypes positifs bien que non fondés sur les enfants trisomiques, affectueux et gentils amènent parfois les adultes de l'école maternelle à ne pas accorder à cet aspect l'importance qu'il devrait avoir.

C'est aux adultes de l'école ou de l'association d'accompagner la construction de ce premier réseau relationnel en donnant à l'enfant trisomique et à ses camarades des pistes pour agir ensemble.

Ces deux endroits : école ou association sont des lieux de partage de la culture de l'enfance.

Fréquentant l'école, l'enfant avec trisomie partage cette culture, il y rencontre des jeux à la mode (l'époque des billes, de l'élastique, de la marelle ou de la corde à sauter), il y apprend les chants, les comptines de tous, voire, utilise les mêmes termes (pas toujours châtiés) !

Lire, c'est savoir décoder l'écrit et comprendre les informations qui y sont contenues.

Pour l'élève trisomique, si l'apprentissage du décodage est relativement aisé, la compréhension des informations est parfois plus complexe et très variable d'une personne à une autre.

XV.   La lecture

Elle constitue un outil de communication, mais aussi un outil de liberté qui doit permettre d'aller le plus loin possible dans l'exercice de l'autonomie.

Il est important de souligner le plaisir et la fierté procurées aux personnes trisomiques par la maîtrise de la lecture.

Apprendre à lire à un élève avec trisomie 21 n'est pas principalement différent d'apprendre à lire à tout autre enfant. Cela prend souvent plus de temps.

Il faudra parfois plusieurs années avant qu'un élève trisomique parvienne à lire. Il importe donc de varier les supports de manière à ce que l'élève ne se décourage pas, en les adaptant à son âge et à ses centres d'intérêt.

Face à la lenteur de cet apprentissage, aux difficultés rencontrées, il s'agit de valoriser à tout moment les réussites en mettant en évidence, par exemple, les mots que l'enfant réussit à lire seul (en les soulignant, les colorant, les entourant...).

Certainement, au début, il est question toujours de tout petits mots, mais ce sont des points d'appui importants pour se constituer un capital confiance.

Ces faits sont autant de réussites, d'encouragements à poursuivre et elles sont aussi une mémoire permettant de mesurer les progrès accomplis puisque ce stock de mots va peu à peu s'étoffer (s'enrichir).

XVI.   Rendre les apprentissages faciles

Il est très important de vérifier que la posture de l'élève en classe est bien adaptée (œil attentif) et qu'elle lui permet d'être réceptif (Qui perçoit facilement des impressions, des suggestions ou des agressions ; qu'il est sensible, émotif). Il faut s'assurer que son assise est suffisamment confortable, que ses pieds sont posés à plat sur le sol, que le bas du dos est bien maintenu. Un peu de bricolage peut souvent changer agréablement beaucoup de choses !

Une communication claire et cohérente entre les adultes est essentielle pour l'épanouissement et la compréhension d'un élève trisomique. Définir une trajectoire d'apprentissage autour de l'élève est fondamentale. La cohérence et la convergence des propos doivent prévaloir pour permettre à ces élèves de comprendre les attendus du milieu scolaire.

Les pictogrammes

Un pictogramme est un dessin figuratif ou symbolique destiné à donner des indications simples.

Les pictogrammes peuvent être utilisés avec des enfants (ou adultes) qui ont des difficultés de communication, un langage non verbal, une déficience auditive, une déficience intellectuelle, des troubles du spectre autistique, … mais également avec les enfants qui ont accès au langage oral ou qui sont en cours d'acquisition du langage/de la parole.

Ils servent alors de renforçateur visuel et peuvent les aider dans l'apprentissage du langage. Ils contribuent aussi au soutien de la syntaxe des phrases L'utilisation de pictogrammes pour accompagner les consignes ou les règles de la classe, des images pour représenter les activités dans l'emploi du temps de la journée de la semaine.

Faire le lien entre certains apprentissages et vécu de l'enfant facilitera l'entrée dans les situations proposées.

Pour pallier (Compenser un manque, apporter une solution) son déficit de mémoire auditive à court terme, l'élève ne doit avoir qu'une seule consigne à gérer à la fois, réexpliquer les consignes à l'élève de façon individualisée en lui demandant de regarder l'adulte ; expliciter les consignes en faisant devant /avec l'enfant, en particulier en maternelle.

L'attention

L'attention et la concentration peuvent être accompagnées par un outil de type Timer qui matérialisera le temps restant à travailler.

La fatigabilité de l'élève et sa lenteur imposent un découpage du travail et la mise en place de pauses pour qu'il puisse se détendre.

Limiter la charge de travail de l'élève lui permettra de terminer son travail comme les autres. il n'y a rien de plus frustrant que de ne jamais rien faire.

La mémorisation

Lors des exercices, mettre à la disposition des élèves les outils organisateurs, tableaux, plans, fiches réalisées avec les enfants eux-mêmes. Ces outils faciliteront la mémorisation.

L'élève avec trisomie avance à son rythme ; il progresse grâce à l'engagement de tous : des éducateurs, éducatrices, des enseignants, des professionnels, des parents et des autres élèves qui représentent un élément de construction très positif. Il n'est cependant pas toujours évident que des adultes travaillant auprès de ces élèves perçoivent les résultats des efforts engagés. C'est un travail de patience et de longue haleine. Quelques mois, quelques années plus tard, ce sera peut-être un autre enseignant ou éducateur, d'autre personnes qui récolteront le fruit du travail qu'ils auront mené.

XVII. Le regard de l'enseignant(e) ou de l'éducateur(ce)

Chaque élève trisomique apprend et se développe à son propre rythme. Sa progression est le fruit d'un travail d'équipe qui implique l'engagement de tous ceux qui l'entourent : enseignants, éducateurs, accompagnateurs et surtout, ses camarades de classe.

En effet, l'inclusion scolaire et les interactions positives avec les autres élèves jouent un rôle crucial dans le développement et l'épanouissement de l'enfant trisomique. Les autres élèves, par leur ouverture, leur patience et leur amitié, contribuent à créer un environnement d'apprentissage stimulant et bienveillant. Les résultats seront visibles au bout de quelques mois voire une année ou quelques années pour certains cas. C'est un travail de patience et de long terme.

Être certain, convaincu que l'enfant ou adolescent peut progresser est fondamental pour enseigner auprès de cette catégorie d'élèves. Il est important de s'interdire les limites et être déterminé à les accompagner le plus loin possible tout en mettant en place des objectifs révisables au fil des semaines et des mois, des objectifs réalistes, adaptés et mesurables. Cet élève trisomique est un apprenant à part entière, et la spécificité de son rythme d'apprentissage ne doit pas démotiver son professeur. C'est ce regard positif, ambitieux et optimiste qui participe au développement heureux de l'élève.

La grande majorité des élèves avec trisomie 21 abordent la lecture à leur rythme, souvent très différent de celui des autres élèves. Pour certains, ce ne sera qu'à partir d'un certain âge qu'ils s'y intéresseront et s'adapteront au climat de la classe ou du groupe.

En conclusion, les compétences dans ce domaine sont très diverses : certains s'investiront rapidement quand d'autres ne parviendront qu'avec difficulté à une lecture fonctionnelle permettant d'accéder au sens d'un texte voire d'un récit.

Dans toutes les situations, accompagner et valoriser leur réussite est un élément important pour la construction de l'image qu'ils se font d'eux-mêmes.

Pour les enfants avec trisomie 21, comme pour tout autre enfant, travailler sur le parler, le lire, écrire compter et les savoir-être sociaux, est important et facilite la construction de personnes ayant une estime d'eux-mêmes suffisante pour pouvoir mieux décider de leur vie, être en mesure d'agir selon leurs propres choix.

C'est dans la diversité de ce qui sera proposé aux élèves avec trisomie 21 qu'ils pourront se saisir du sens de l'environnement et comprendre le monde dans lequel ils évoluent.

Toutes ces disciplines (Lecture, écriture, calcul, histoire, géographie) leur permettront d'apprendre à faire des liens, les amener à transférer leurs compétences, à construire des ponts entre les différentes connaissances qui leur sont proposées. La vie de l'élève ne se limite pas seulement au champ scolaire. Des activités périscolaires organisées autour de l'école viennent compléter les enseignements qui sont dispensés pendant les heures de classe, loisirs, education physique et sportive, animation culturelle.

Elles favorisent le décloisonnement des structures et peuvent dans certains cas aider à la mise en œuvre du projet de scolarisation.

Quelques exemples adoptés par les professeurs en classe :

- Respecter le rythme d'apprentissage en faisant évoluer le temps imparti pour réaliser une tâche,
- Soutenir l'attention de l'élève en variant les supports (cahier, ardoise, feuille, ordinateur…),

- Faire travailler une notion ou une compétence dans différents contextes,
- Établir des liens entre les différentes disciplines étudiées,
- Aider l'élève à se mémoriser et à remobiliser les connaissances déjà travaillées,
- Proposer des supports facilitant la mémorisation,
- Solliciter les cinq sens pour retenir l'attention, mobiliser la mémoire et faire apprendre : la vue, l'audition, le toucher, le goût, l'odorat ou la gestualité).

En résumé :

Les hommes naissent et demeurent libres et égaux en droits : « les femmes et les hommes avec trisomie 21, sont concernés par ce principe, la convention relative aux droits des personnes handicapées a pour objet de promouvoir, protéger et assurer la pleine égale jouissance de tous les droits de l'homme et de la femme et de toutes les libertés fondamentales.

Elle promeut la dignité intrinsèque (inhérent, inséparable, intérieur, interne, naturel, propre) des personnes handicapées.

Dans une société inclusive (*Une société inclusive est une société qui ignore les différences de race, de sexe, de classe, de génération et de géographie, et garantit l'inclusion, l'égalité des chances ainsi que la capacité de tous les membres de la société à déterminer un ensemble convenu d'institutions sociales qui régissent l'interaction sociale, c'est-à-dire, le processus par lequel nous agissons et réagissons aux personnes qui nous entourent*) chaque citoyen, sans exception et sans discrimination, a le droit d'accéder à tous les espaces de la vie sociale.

L'idée centrale est de reconnaître que la personne en situation de handicap est avant tout un citoyen à part entière, avec les mêmes droits et les mêmes libertés que les autres.

Concrètement, cela signifie que les personnes handicapées doivent pouvoir vivre, apprendre, travailler et s'épanouir au sein de leur communauté, en bénéficiant des mêmes opportunités que tous les autres citoyens.

L'inclusion vise à supprimer les obstacles et à adapter l'environnement pour que chacun puisse participer pleinement à la vie sociale, en toute liberté et égalité. Elle doit être son propre maître, à exercer son libre arbitre et son pouvoir d'agir sur sa propre vie, tous les enfants en situation de handicap doivent recevoir une instruction et dispensée dans une école publique, un établissement privé ou encore dans la famille ou dans une association.

Les élèves en situation de handicap sont avant des élèves et disposent des droits à l'instruction comme tous les autres élèves.

L'accès à l'école, et de plein droit, dans les mêmes conditions pour tous les enfants. Les aménagements pédagogiques et les accompagnements sont indispensables pour les élèves avec des limitations fonctionnelles.

OPTIONS ET CONSIDÉRATIONS ENVERS LES ÉLÈVES TRISOMIQUES

I. Répondre aux besoins exprimés ou constatés

Il existe une variété de cours et de programmes éducatifs conçus pour répondre aux besoins spécifiques des élèves trisomiques 21.

Le choix du cours approprié dépendra de l'âge de l'élève, de ses capacités et de ses intérêts :

1. **Education Précoce** : les programmes d'intervention précoce se concentrent sur le développement des compétences de base telles que la communication, la motricité fine et globale, et l'autonomie.

2. **Ecole Maternelle et Primaire** : les élèves trisomiques 21 peuvent être intégrés dans des classes ordinaires avec un soutien adapté, ou suivre des programmes spécialisés dans des établissements médico-sociaux.

3. **Collège et Lycée** : des options telles que les **Unités Localisées** pour **l'Inclusion Scolaire** (ULIS) permettent aux élèves de bénéficier d'un accompagnement personnalisé tout en étant intégrés dans un établissement scolaire ordinaire.

4. **Formation Professionnelle** : des dispositifs spécifiques existent pour préparer les jeunes trisomiques 21 à l'insertion professionnelle, en développant leurs compétences et en les accompagnant dans leur recherche d'emploi.

Voici quelques considérations importantes à prendre en compte lorsqu'on travaille avec une personne atteinte de trisomie 21 .

II.   Développement et Apprentissage

Rythme d'apprentissage plus lent : les personnes atteintes de trisomie 21 peuvent avoir besoin de plus de temps pour apprendre de nouvelles choses.

Il est important d'être patient et de leur donner le temps dont elles ont besoin pour assimiler les informations.

Répétition et routine : la répétition et la routine sont souvent bénéfiques pour les personnes atteintes de trisomie 21. Elles les aident à se sentir en sécurité et à mieux comprondre leur environnement.

Apprentissage visuel : les personnes atteintes de trisomie 21 ont souvent une meilleure mémoire visuelle qu'auditive. Il est donc utile d'utiliser des images, des pictogrammes et d'autres supports visuels pour faciliter leur apprentissage.

Forces et faiblesses : chaque personne atteinte de trisomie 21 est unique et a ses propres forces et faiblesses. Il est important d'identifier les forces de chaque individu et de les utiliser pour faciliter son apprentissage.

III. Communication

Difficultés de langage : les personnes atteintes de trisomie 21 peuvent avoir des difficultés de langage et de communication. Il est important d'être patient et de leur donner le temps de s'exprimer.

Langage corporel : le langage corporel est très important pour communiquer avec les personnes atteintes de trisomie 21. Il est important d'être attentif à leurs expressions faciales et à leurs gestes.

Outils de communication alternative : dans certains cas, il peut être utile d'utiliser des outils de communication alternative, tels que des pictogrammes ou des gestes, pour faciliter la communication.

IV. Santé

Problèmes de santé associés : les personnes atteintes de trisomie 21 peuvent être plus susceptibles de développer certains problèmes de santé, tels que des problèmes cardiaques, des problèmes de thyroïde et des problèmes d'audition. Il est important de surveiller leur santé et de les emmener régulièrement chez le médecin.

V. Socialisation et soutien

Inclusion sociale : il est important d'encourager l'inclusion sociale des personnes atteintes de trisomie 21.

Elles devraient avoir la possibilité de participer à des activités sociales et de se faire des amis.

Soutien aux familles : les familles des personnes atteintes de trisomie 21 ont besoin de soutien. Il est important de leur fournir des informations et des ressources pour les aider à prendre soin de leur enfant.

Un accompagnement personnalisé par des professionnels spécialisés (orthophonistes, psychomotriciens, éducateurs spécialisés, etc.) est crucial.

VI.   Evaluation et Individualisation

Une évaluation complète des capacités de l'élève est essentielle pour déterminer le type de cours le plus approprié.

Les programmes éducatifs doivent être adaptés aux besoins spécifiques de chaque élève, en tenant compte de ses forces et de ses défis.

Inclusion: L'intégration des élèves trisomiques 21 dans des classes ordinaires favorise leur socialisation et leur développement.

VII.   Conclusion

La trisomie 21, bien qu'elle présente des défis spécifiques, ne définit pas l'individu qui en est porteur. Tout au long de ce livre, nous avons exploré les multiples facettes de cette condition, des aspects médicaux aux enjeux éducatifs et sociaux. Nous avons vu que chaque personne avec trisomie 21 est unique, avec ses propres forces, talents et aspirations.

Il est essentiel de dépasser les préjugés et les idées reçues pour reconnaître le potentiel de chaque individu. L'inclusion, le soutien et l'amour sont les clés pour permettre aux personnes avec trisomie 21 de s'épanouir et de contribuer pleinement à la société. En tant que société, nous avons la responsabilité de créer un environnement où chacun se sent accepté et valorisé, quelles que soient ses capacités. Ce livre est un appel à l'action, une invitation à construire un monde plus inclusif et bienveillant pour tous.

La réussite scolaire des élèves trisomiques est possible et dépend de plusieurs facteurs clés :

- **Inclusion scolaire et adaptation :** intégrer les élèves dans des classes ordinaires avec un soutien adapté favorise leur apprentissage et leur développement social. Le **Plan Personnalisé** de **Scolarisation** (**PPS**) est essentiel pour définir les besoins spécifiques de chaque élève et mettre en place les aménagements nécessaires.

- **Pédagogie différenciée et stimulation précoce :** (*la pédagogie différenciée peut se définir comme la diversification méthodologique d'apprentissage susceptible de répondre à la diversité des élèves les enseignants doivent adapter leurs méthodes d'enseignement pour répondre aux besoins spécifiques des élèves trisomiques*). Les enseignants doivent adapter leurs méthodes d'enseignement pour répondre aux besoins spécifiques des élèves trisomiques. Un accompagnement précoce dès le plus jeune âge est crucial pour favoriser le développement de leurs compétences.

- **Collaboration et valorisation :** la collaboration étroite entre enseignants, professionnels de santé et parents est essentielle pour assurer un suivi cohérent. Il est également important de reconnaître et de valoriser les progrès de l'élève pour renforcer sa confiance et sa motivation.

En dépit des défis tels que les préjugés, les difficultés d'apprentissage spécifiques et le manque de ressources, les perspectives sont positives. Les avancées de la recherche, l'évolution des mentalités et les exemples de réussite montrent que les élèves trisomiques peuvent atteindre leurs objectifs scolaires avec un soutien adéquat.

ANNEXES

VIII. Exercices d'application pour mettre en pratique le contenu du livre

1. Les syllabes

Découpage en syllabes de quelques mots :

- ✓ **Canard** : ca-na-rd. (trois syllabes),
- ✓ **Télévision**: té-lé-vi-sion (4 syllabes),
- ✓ **Papillon**: pa-pil-lon (3 syllabes),
- ✓ **Fleur**: fleur (1 syllabe).

> ➤ *Exemples de mots à une syllabe:*

C'est un mot qui se prononce en une seule partie.

Par exemple, le mot **"chat"** se prononce en une seule fois : **"chat"**.

- ✓ **Animaux:** chat, chien, loup, ours, singe,
- ✓ **Objets:** livre, table, chaise, porte, mur,
- ✓ **Actions:** voir, lire, jouer, dormir, manger,
- ✓ **Nature:** sol, arbre, fleur, eau, ciel.

➤ *Exemples de mots à deux syllabes:*

C'est un mot qui se prononce en deux parties distinctes.

Par exemple, le mot **"chaton"** se prononce en deux temps : **"cha-ton"**.

- ✓ **Animaux :** chaton, chien, oiseau, souris, lapin,
- ✓ **Objets :** livre, table, chaise, fenêtre, porte,
- ✓ **Actions :** sauter, jouer, courir, danser, chanter,
- ✓ **Aliments :** pomme, banane, orange, poire, pain,
- ✓ **Nature :** arbre, fleur, soleil, nuage, pluie.

➤ *Exemples de mots de trois syllabes :*

C'est un mot qui se prononce en trois parties distinctes. Par exemple, le mot **"parapluie"** *se prononce en trois temps :* **"pa-ra-pluie"**.

- ✓ **Animaux :** éléphant, crocodile, girafe, zèbre, kangourou,
- ✓ **Objets:** ordinateur, télévision, téléphone, bibliothèque, microscope,
- ✓ **Actions:** sauter, danser, nager, voyager, cuisiner
- ✓ **Qualités :** heureux, triste, gentil, courageux, intelligent.

Qu'est-ce qu'un mot de « 4 » syllabes ?:

C'est un mot qui se prononce en quatre parties distinctes. Par exemple, le mot **"hélicoptère"** *se prononce en quatre temps :* **"hé-li-cop-tère"**.

➤ *Exemples de mots de 4 syllabes :*
- ✓ **Animaux :** éléphant, girafe, crocodile, hippopotame, caméléon,
- ✓ **Objets :** ordinateur, télévision, téléphone, microscope, parapluie,
- ✓ **Actions :** voyager, imaginer, explorer, célébrer, construire,

✓ **Qualités** : merveilleux, fantastique, extraordinaire, magnifique, délicieux.

2. Segmentation syllabique :

✓ **Demander à l'enfant de découper des mots en syllabes**
   o (ex : **"ca-na-rd"**) ;
✓ **Inverser l'exercice précédent** : donner des syllabes à l'enfant et lui demander de reconstituer le mot.

➢ *Exercices de décodage et d'encodage :*
✓ Lecture de mots simples et de phrases courtes,

✓ Dictée de mots et de phrases,

✓ Complétion de mots manquants dans des phrases,

✓ Création de phrases à partir de mots donnés.

➢ *Exercices de compréhension en lecture :*
✓ Répondre à des questions sur un texte lu,

✓ Identifier le personnage principal, le lieu, l'action principale,

✓ Reformuler un texte avec ses propres mots,

✓ Ordonner des événements d'une histoire.

➢ *Exercices de vocabulaire :*
✓ Trouver des synonymes et des antonymes,

✓ Classer des mots par catégories,

✓ Compléter des phrases avec des mots de la même famille,

✓ Utiliser des mots dans des phrases de son cru.

> *Exercices de mémoire :*
  ✓ Reproduire une suite de chiffres ou de lettres,

  ✓ Se souvenir d'une liste de mots,

  ✓ Retrouver des objets cachés dans une image.

> *Exercices de stratégies de lecture :*
  ✓ Identifier les mots clés dans une phrase,

  ✓ Utiliser le contexte pour comprendre le sens d'un mot inconnu,

  ✓ Vérifier sa compréhension en relisant une phrase ou un paragraphe.

> *Exercices ludiques :*
  ✓ Jeux de mots croisés,

  ✓ Chansons avec des rimes,

  ✓ Histoires à compléter,

  ✓ Devinettes.

Trouver l'erreur dans la phrase 1 :

Le concept de l'exercice est très simple : l'enfant ou le jeune lit une phrase dans laquelle il y a un élément qui n'est pas logique. Il doit donc être très attentif pour repérer ce qui n'a pas de sens. Il doit ensuite expliquer pourquoi ça n'a pas de sens et proposer une alternative pour redonner du sens à la phrase :

Prenons un exemple simple. Vous allez donc présenter à votre élève la phrase qui suit : « *Mon voisin a de très belles ruches et ses guêpes font du délicieux miel de lavande* »

L'enfant doit lire cette phrase une première fois dans sa tête, puis une fois à voix haute. Vous allez devoir identifier à quel moment il se rend compte qu'il y a un problème au niveau du sens de la phrase.

Trouver l'erreur dans la phrase 2 :

Bien entendu même si vous lui dites de le faire il ne va pas forcément y arriver du premier coup. Vous devez donc le faire lire à voix haute OU en chuchotant pour lui-même systématiquement.

C'est de cette manière qu'il arrivera à subvocaliser (se parler dans sa tête) et donc à développer les circuits neuronaux nécessaires pour bien comprendre ce qu'il lit. Il ne devra pas seulement lire en chuchotant pour lui-même pendant vos séances de travail mais de manière systématique, que ce soit à l'école ou ailleurs.

Si même en lisant la phrase à voix haute il n'arrive pas à trouver le problème, alors vous allez l'aider à analyser la phrase. En lui posant des questions, vous le guiderez pour qu'il

réussisse à comprendre le sens de la phrase. Et c'est de cette manière qu'il se rendra probablement compte que quelque chose pose un problème.

Trouver l'erreur dans la phrase 3 :

Vous pouvez donc, chaque fois que vous effectuez cet exercice-jeu, faire travailler l'enfant ou le jeune sur 2 ou 3 phrases, en restant le temps qu'il faut sur chacune pour vous assurer qu'il a bien tout compris.

En général, les enfants ou jeunes dyslexiques ont beaucoup de difficultés pour la première phrase. Mais ensuite, quand ils ont compris l'exercice, ils réussissent souvent beaucoup mieux.

Voici maintenant quinze phrases que vous pouvez utiliser pour effectuer cet exercice à une personne dyslexique. Elles sont classées en trois niveaux de difficulté pour vous aider à vous repérer.

Il s'agit de trouver les erreurs dans les phrases suivantes :

Niveau 1

⇒ « La souris a mangé le chat »,

⇒ « L'été quand on a trop chaud pour dormir, il est conseillé de se couvrir avec une grosse couette. »,

⇒ « Je n'ai pas pu faire mes devoirs ce soir, mon cahier n'avait plus de batterie. »,

➡ « Lydia a une grande famille, donc quand ils partent en vacances tous ensemble, ils doivent prendre une petite tente pour pouvoir tous rentrer. »,

➡ « Lorsqu'elle va à la montagne, Fatima n'oublie jamais son maillot de bain, son masque et sa bouée. »,

➡ « Tout bon cuisinier sait qu'il faut toujours saler et poivrer le dessert que l'on vient de préparer avant de le mettre au four. »,

➡ « Lydia a dû se hisser le long des branches puis du tronc pour finalement atteindre la cime de ce magnifique chêne. »,

➡ « Farid déteste le bricolage, donc dès que son papa revient d'un magasin avec des meubles à monter, il accourt pour l'aider,

➡ « Les fermiers doivent se lever tôt tous les matins pour traire les taureaux, ou les mouton »,

➡ « Ça faisait une semaine que la douche était bouchée, heureusement que l'électricien est venu pour la déboucher ! ».

Niveau 2

✓ « Karim a sorti son équerre pour tracer un cercle comme demandé dans l'exercice. »,

✓ « A la maison chacun a son rôle pour les repas, papa fait la cuisine, maman met la table, ma petite sœur remplit le lave-vaisselle et moi j'étends le linge. »,

✓ « Farid est le frère de Lydia. Fatima est la mère de Lydia. Karim est le frère de Farid. Karim est donc le cousin de Lydia. ».

Niveau 3

✓ « Tous les jours, lorsque Karim arrive au travail, il pose sa veste sur le dossier de son tabouret avant d'aller saluer tous ses collègues. »,

✓ « Il vient de se mettre à pleuvoir des cordes ! Lydia regrette d'avoir pensé à fermer la fenêtre de sa chambre avant de partir au travail »

Exercices :

Ce deuxième exercice est très intéressant car l'enfant ou le jeune se transforme en « enquêteur » et doit relever tous les indices d'un texte qui permettent de résoudre une énigme.

C'est un très bon entraînement qui rend attentif aux différents éléments du texte.

Ainsi l'enfant ou le jeune est toujours ramené vers le sens de ce qu'il lit. Et progressivement, il acquiert une compréhension plus précise et approfondie des textes écrits.

1. **Mener l'enquête sur le texte**
    Voici comment se déroule « l'enquête » :

Selon les capacités de l'enfant ou du jeune, vous allez lui présenter soit le texte A (3 lignes, très facile), soit le texte B (12 lignes, facile).

Si l'enfant ou le jeune est capable de lire et de comprendre approximativement le texte que vous lui présentez : Alors demandez-lui de le lire, soit à haute voix, soit en

chuchotant pour lui-même. Dites-lui de lire lentement, en faisant très attention à tous les mots qu'il lit, comme un inspecteur qui observe à la loupe tous les indices. Cela lui permettra de résoudre l'énigme posée à la fin du texte.

Lorsqu'il répondra à l'énigme, demandez-lui de bien expliquer pourquoi il donne cette réponse *: qu'est-ce qui, dans le texte, lui permet de répondre ainsi ?* L'enfant ou

l'élève doit toujours expliquer précisément le cheminement logique de sa pensée.

1.1. Exercice 1 : mener l'enquête sur le texte

Dans un pré, des enfants jouent à la balle. Un chien blanc passe, les enfants posent leur balle et vont le caresser. Puis ils cueillent des fleurs pour leurs parents. Mais quand ils veulent rentrer à la maison, ils ne trouvent plus la balle. Qui a bien pu la prendre ?

Si l'enfant ou le jeune n'est pas capable de lire et de comprendre approximativement le texte que vous lui présentez, ou s'il n'a pas réussi à résoudre l'énigme de ce

Texte, demandez-lui de lire la première phrase, soit à haute voix, soit en chuchotant. Dites-lui de lire lentement, en faisant attention à tous les mots qu'il lit, comme un inspecteur qui observe tous les indices.

Quand il a lu la phrase, aidez-le à la comprendre en lui posant des questions. Demandez-lui de bien expliquer pourquoi il donne ces réponses :

Qu'est-ce qui, dans la phrase, lui permet de répondre ainsi ?

Félicitez-le, puis passez à la deuxième phrase, en pratiquant de la même manière. Faites de même pour les phrases suivantes.

En général, après avoir lu « à la loupe » chaque phrase, il ou elle sera est capable de répondre à l'énigme. N'oubliez pas de le féliciter ! Puis passez au texte un peu plus difficile.

- ✓ **Sur la phrase 1** : Où se passe l'histoire ? (Dans un pré) – Qui sont les personnages ? (Les enfants) - Que font-ils ? (Ils jouent à la balle),
- ✓ **Sur la phrase 2** : Que se passe -t-il ? (Un chien passe) – Que font alors les enfants ? (Ils vont le caresser) - Que font-ils de leur balle ? (La posent),

✓ **Sur la phrase 3** : Que font-ils ensuite ? (Ils cueillent des fleurs)

Que fait le chien ? (On ne sait pas).

➤ **Exercice : mener l'enquête sur le texte**

Sur la plage, les enfants jouent dans le sable. Ils courent, se lancent une balle et creusent un grand trou. Comme ils ont chaud, ils enlèvent leur veste et leur bonnet. Puis ils cherchent des crabes sur les rochers. A quelle saison se passe cette histoire ? En été ou en hiver ?

Aujourd'hui, Rachid est de bonne humeur. Il vient de trouver une jolie carte dans sa boîte aux lettres.

✓ C'est une invitation pour le Fête de fin d'année scolaire !,

✓ C'est la toute première fois que Rachid est invité à cette fête où se réunissent, chaque année, les meilleurs élèves de toutes les écoles. Cela veut dire que ses qualités de bon élève sont enfin reconnues par tout le monde ,

✓ A côté de la carte d'invitation, il y a aussi le journal scolaire. Il parle de la fête de fin d'année scolaire des élèves à venir et d'un nouvel changement dans l'emploi du temps scolaire. ,

✓ Après avoir feuilleté le journal quelques minutes, Rachid commence à préparer ses affaires, le sourire jusqu'aux oreilles. En effet, la fête a lieu dans deux jours et s'il veut arriver à l'heure Rachid devra bientôt partir.

1.2. Exercice 2 : mener l'enquête sur le texte

Le jeune Rachid se demande alors comment il va se rendre à la fête de fin d'année scolaire. En réfléchissant, il trouve trois idées.

La première solution est de prendre sa barque. Il a fini de la construire il y a quelques semaines, et il est impatient de l'essayer. En barque, le trajet ne doit pas être très long.

En sortant du lac étincelant qui est à côté de la maison Rachid, il faut prendre la rivière aux mille Cascades puis traverser le grand Lac.

La deuxième solution est de faire le trajet à pied. Dans ce cas, Rachid doit partir bientôt s'il veut être à l'heure. Il devra alors faire le tour de la montagne et passer par le chemin au pied de la falaise dorée. Un fois arrivé de l'autre côté de la montagne il devra encore marcher entre les collines avant d'arriver à destination.

La troisième solution pour Rachid serait de prendre son vélo. Ça serait pour lui le moyen le plus rapide d'arriver. À vélo, il faut prendre la piste cyclable qui passe par le tunnel de la montagne puis à côté des collines.

Rachid est hésitant :

- ✓ Il craint que certains chemins soient impossibles à prendre,
- ✓ Aide Rachid à trouver quel est le **seul** chemin qui lui permettra d'arriver à la fête de fin d'année scolaire.

La solution est d'y aller à pied, même si c'est plus long. Le tunnel est effondré donc la piste cyclable est impossible à prendre. Son trajet en barque le ferait passer par la rivière aux mille cascades, qui est impossible à prendre on barque car les cascades sont dangereuses.

Le mot de la fin

Nous espérons que ce petit guide vous aura intéressé et vous aura apporté des nouvelles connaissances. De plus, nous souhaitons insister sur l'importance de mettre en pratique les conseils que vous avez pu lire plus haut.